高速公路安全行车指南

刘 君 孙广林 主编

气象出版社
China Meteorological Press

内容简介

本书从高速公路行车全过程，详细讲解了安全行车要点、危险驾驶行为及应急处置等内容，能够丰富机动车驾驶人的高速公路安全行车知识，对提高事故预防与应急处置能力具有一定的帮助。全书共分为5章，主要内容包括我国高速公路行车须知、行车前准备、安全行车技巧、危险驾驶行为、交通安全新技术。

本书适合广大机动车驾驶人阅读，也可作为单位开展机动车驾驶人高速公路安全行车宣传教育的辅导教材。

图书在版编目（CIP）数据

高速公路安全行车指南 / 刘君，孙广林主编. —北京：气象出版社，2017.11

ISBN 978-7-5029-6666-9

Ⅰ. ①高… Ⅱ. ①刘… ②孙… Ⅲ. ①高速公路－行车安全－指南 Ⅳ. ①U492.8-62

中国版本图书馆CIP数据核字（2017）第265156号

GAOSU GONGLU ANQUAN XINGCHE ZHINAN

高速公路安全行车指南

出版发行：气象出版社

地　　址：北京市海淀区中关村南大街46号　　**邮政编码**：100081

电　　话：010-68407112（总编室）　010-68408042（发行部）

网　　址：http://www.qxcbs.com　　**E-mail**：qxcbs@cma.gov.cn

责任编辑：周　露　黄红丽　　**终　　审**：吴晓鹏

责任校对：王丽梅　　**责任技编**：赵相宁

封面设计：徐炅旸

印　　刷：北京地大天成印务有限公司

开　　本：787 mm × 1092 mm　1/16　　**印　　张**：12

字　　数：212千字

版　　次：2017年11月第1版　　**印　　次**：2017年11月第1次印刷

定　　价：50.00元

编委会

前言

至2014年年底，我国高速公路通车里程（11.9万公里）、驾驶人数量（突破3亿人）和机动车保有量（2.63亿辆）均跃居世界第一位。同时，全国高速公路日平均交通量已突破2.2万辆。由于高速公路全封闭且全部控制出入口，行车速度快、通行能力大，一旦发生行车安全事件，其后果危害极大。因此，如何提高驾驶人员自身安全行车意识，熟练掌握高速公路安全行车技术要点，是关乎每一位驾驶人员生命财产安全的大事。为满足广大汽车驾驶人高速公路安全行车需求，我们编写了《高速公路安全行车指南》一书。

本书旨在为新、老汽车驾驶人员提供高速公路安全行车知识，正确处理高速公路行车过程中遇到的各类突发事件。本书从高速公路基本通行要求出发，涵盖了行车前、行车过程、途中停靠、应急处置和驶离高速全过程，全方位介绍了驾驶人员安全行车要领，指出了常见危险驾驶行为，并对未来交通安全新技术进行了展望。

本书共5章，主要包括高速公路行车须知、行车前准备、安全行车技巧、危险驾驶行为和交通安全新技术等，内容贴合驾驶实战需要、可操作性强、图文并茂。同时，填补了现行驾考科目中关于高速公路安全驾驶教育内容的缺失，尤其是对新驾驶人员学习高速公路行车的常识、驾驶技巧，提供了专业权威的精品读物，也可作为老驾驶人员安全行车的实用宝典，以及驾考培训、审验与满分教育内容的有益补充。

本书由刘君、孙广林主编，感谢吉林、江苏、广东、河北、贵州、陕西、湖南高速公路公安交通管理部门，以及江苏省联合职业技术学院无锡汽车工程分院、东方时尚驾驶学校股份有限公司、贵州高速公路集团有限公司等单位在资料收集、实地调研、初稿编写工作中给予的大力支持和配合，感谢公安部交通管理局公路巡警处李英伟副处长提供的工作沟通帮助，感谢江苏省联合职业技术学院无锡汽车工程分院周晓塨老师给予的技术指导。感谢气象出版社黄红丽副编审和周露编辑为本书的编辑出版付出的辛勤劳动。同时，本书编写过程中，参考和引用了国内外同行和前辈的部分研究成果，在此表示衷心感谢。

书中内容难免有不足之处，敬请各位读者批评指正。

作 者

2017 年 9 月

目录

前言

第1章 行车须知

1.1 对驾驶人的要求

1.1.1 实习期驾驶要求

驾驶人在实习期内驾驶机动车上高速公路行驶，应当由持相应或者更高准驾车型驾驶证三年以上的驾驶人陪同。其中，驾驶残疾人专用小型自动挡载客汽车的，可以由持有小型自动挡载客汽车以上准驾车型驾驶证的驾驶人陪同。在增加准驾车型后的实习期内，驾驶原准驾车型的机动车时不受上述限制。驾驶证的副页载明了实习期日期。

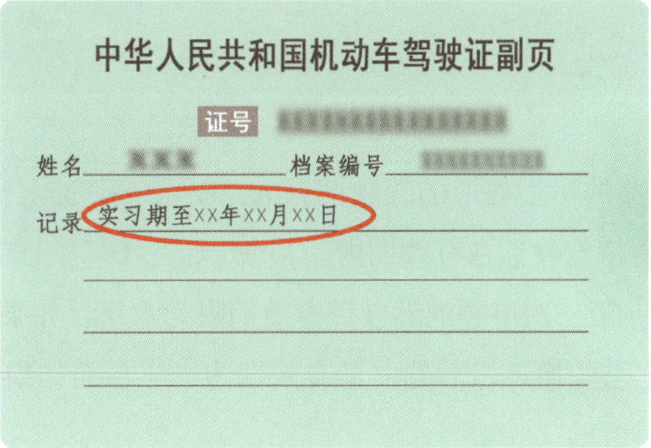
中华人民共和国机动车驾驶证副页

证号

姓名 档案编号

记录 实习期至XX年XX月XX日

驾驶证副页的实习日期规定

实习期驶入高速要有陪驾

实习期且无相应或者更高准驾车型驾驶证三年以上驾驶人陪同的，已经在高速公路上行驶的，公安交管部门会依托高速公路收费站、出入口、服务区等进行抽查，发现后会责令就近驶离高速公路，部分省份会罚款处罚（按照当地处罚标准执行）。

1.1.2 对驾驶证的规定

允许驶入高速公路的车型对应的驾驶证有 A、B、C 证三类。不论持有哪种类型驾驶证，驾驶人要确保所持驾驶证在有效期内。A、B、C 三类驾驶证的换证周期都是六年、十年、长期三个阶段。第一次申领的驾驶证有效期限为六年，如果在第一个六年有效期内没有记满 12 分的记录，换证以后驾驶证有效期为十年，而如果十年内没有发生记满 12 分的记录，再换长期证。

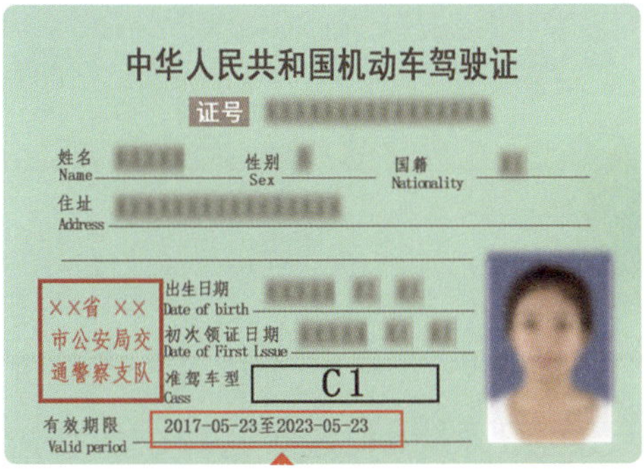

驾驶证初次申领6年到期

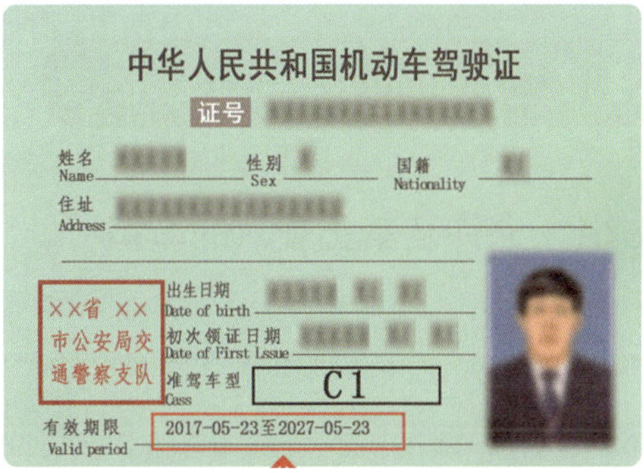

驾驶证6年期满后10年到期

高速公路行驶车辆驾照类型及准驾车型对照表

准驾车型	代号	准驾的车辆	准予驾驶的其他准驾车型	申请年龄限制	驾驶年龄限制
大型客车	A1	大型载客汽车	A3、B1、B2、C1、C2、M	26～50周岁	60周岁以上不准驾驶，换领小型汽车或小型自动挡汽车驾驶证
牵引车	A2	重型、中型全挂、半挂汽车列车	B1、B2、C1、C2、M	24～50周岁	
城市公交车	A3	核载10人以上的城市公共汽车	C1、C2	20～50周岁	60周岁以上不准驾驶，换领小型汽车或小型自动挡汽车驾驶证
中型客车	B1	中型载客汽车（含核载10人以上、19人以下的城市公共汽车）	C1、C2、M	21～50周岁	
大型货车	B2	重型、中型载货汽车；重型、中型专项作业车		20～50周岁	
小型汽车	C1	小型、微型载客汽车以及轻型、微型载货汽车；轻型、微型专项作业车	C2	18～70周岁	—
小型自动挡汽车	C2	小型、微型自动挡载客汽车以及轻型、微型自动挡载货汽车	—	18～70周岁	—

此外，驾驶人驾车出行一定要随身携带驾驶证。

1.2　对通行车辆的要求

1.2.1　允许及禁止驶入的车型

《中华人民共和国道路交通安全法》对高速公路特别规定：行人、非机动车、拖拉机、轮式专用机械车、铰接式客车、全挂拖斗车以及其他设计最高时速低于 70 公里 / 时的机动车，不得进入高速公路。

允许、禁止驶入高速公路的车型

种类	图示	是否可以驶入高速
载客汽车（三轮车、牵引车除外）		○
载货汽车（三轮车、牵引车除外）		○
半挂牵引汽车		○
拖拉机		×

（续表）

种类	图示	是否可以驶入高速
农用运输车		×
轮式专用机械车		×
电瓶车	 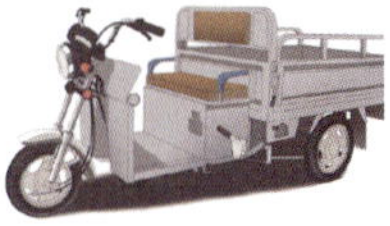 	×
全挂牵引车		×
摩托车		以地方法规为准，部分省份禁止摩托车驶入高速

注："○"表示允许，"×"表示禁止。

1.2.2　机动车检验要求

机动车从注册之日起，不同车型按照不同期限定期进行安全技术检验，检验合格后将检验合格标志粘贴在机动车前窗右上角后才能驶入高速公路：

（1）营运载客汽车 5 年以内每年检验 1 次；超过 5 年的，每 6 个月检验 1 次；

（2）载货汽车和大型、中型非营运载客汽车 10 年以内每年检验 1 次；超过 10 年的，每 6 个月检验 1 次；

（3）小型、微型非营运载客汽车 6 年以内每 2 年检验 1 次；超过 6 年的，每年检验 1 次；超过 15 年的，每 6 个月检验 1 次；

（4）摩托车 4 年以内每 2 年检验 1 次；超过 4 年的，每年检验 1 次。

1.2.3　机动车装载要求

超载超限车辆禁止驶入高速公路。车辆超载是指车辆运载的货物重量或人数超过行驶证的核定载质量或人数；车辆超限是指车辆的轴载质量、车货总质量或装载总尺寸超过国家规定的限制。

高速公路上行驶的车辆尤其是货车装车尺寸不得超过行驶证核定的车身长度和宽度，此外，《中华人民共和国道路交通安全法实施条例》中对车辆的高度作了明确要求：

（1）重型、中型载货汽车，半挂车载物，高度从地面起不得超过 4 米，载运集装箱的车辆不得超过 4.2 米；

（2）其他载货的机动车载物，高度从地面起不得超过 2.5 米；

（3）摩托车载物，高度从地面起不得超过 1.5 米，长度不得超出车身 0.2 米，两轮摩托车载物宽度左右各不得超出车把 0.15 米，三轮摩托车载物宽度不得超过车身；

（4）载客汽车除车身外部的行李架和内置的行李箱外，不得载货。载客汽车行李架载货，从车顶起高度不得超过 0.5 米，从地面起高度不得超过 4 米。

强制性国家标准《汽车、挂车及汽车列车外廓尺寸、轴荷及质量限值》（GB1589—2016）中对车辆总质量作了明确要求，具体如下表。

公路货运车辆超限超载认定标准

轴数	车型	图例		总质量限值（吨）
2 轴	载货汽车	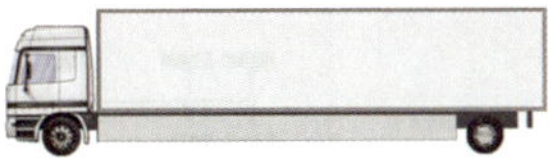		18
3 轴	中置轴挂车列车		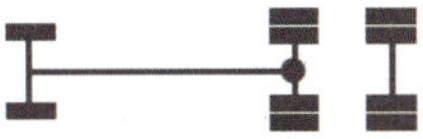	27
	铰接列车		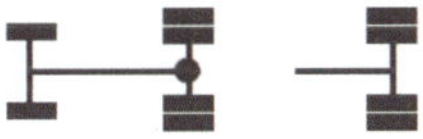	
	载货汽车			25
		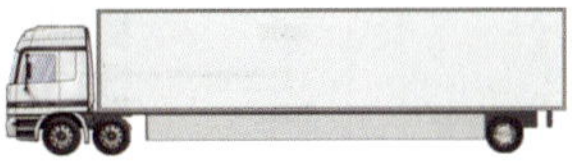		
4 轴	中置轴挂车列车		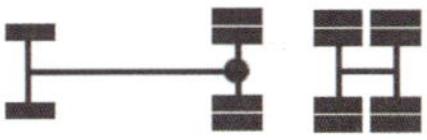	36
			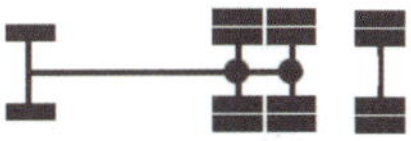	35
	铰接列车		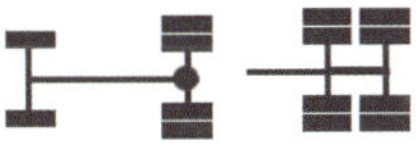	36
	全挂汽车列车		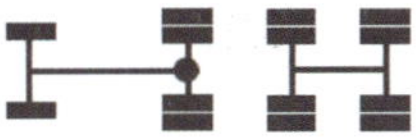	
	载货汽车	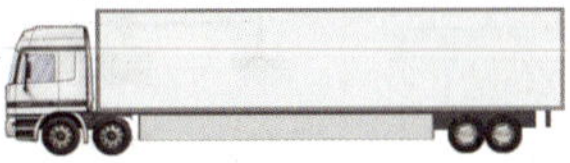		31
5 轴	中置轴挂车列车			43

（续表）

轴数	车型	图例		总质量限值（吨）
5 轴	中置轴挂车列车			43
	铰接列车		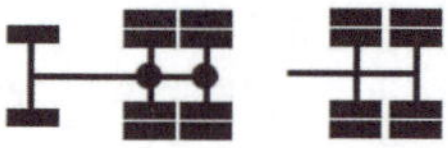	43
			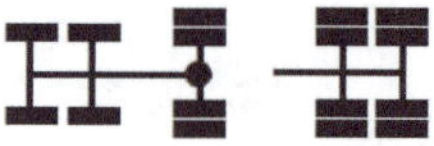	43
			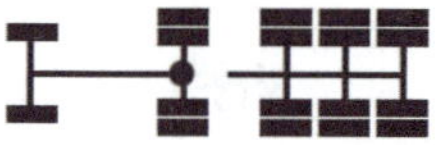	42
	全挂汽车列车		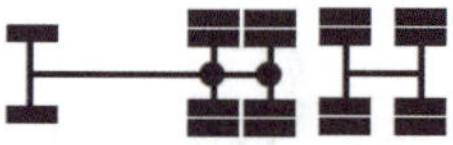	43
			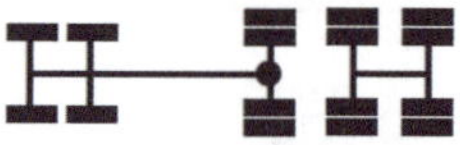	
6 轴	中置轴挂车列车		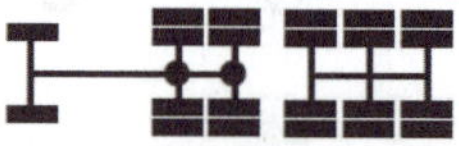	49
			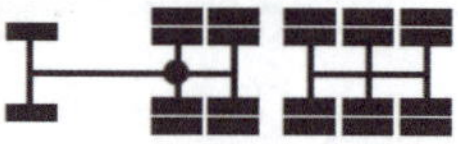	46
				49
			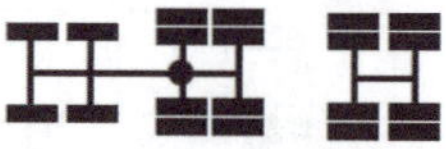	46
	铰接列车		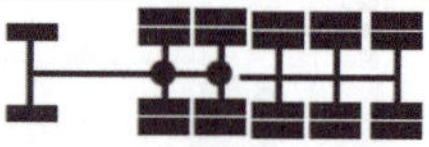	49
			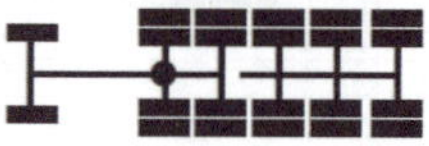	46

（续表）

轴数	车型	图例		总质量限值（吨）
6 轴	铰接列车		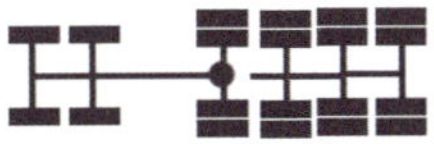	46
	全挂列车			49
			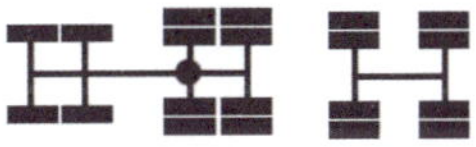	46
备注	1．二轴货车车货总重还应当不超过行驶证标明的总质量。 2．除驱动轴外，图例中的二轴组，三轴组以及半挂和全挂，每减少两个轮胎，其总质量限值减少 3 吨。 3．安装名义断面宽度不小于 425 毫米轮胎的挂车及其组成的汽车列车，驱动轴安装名义断面宽度小于 425 毫米轮胎的载货汽车及其组成的汽车列车，其总质量限值不予核减。 4．驱动轴为每轴每侧双轮胎且装备空气悬架时，3 轴和 4 轴货车的总质量限值各增加 1 吨；驱动轴为每轴每侧双轮胎并装备空气悬架、且半挂车的两轴间的距离≥ 1800 毫米的 4 轴铰接列车，总质量限值为 37 吨。 5．图例中未列车型，根据《汽车、挂车及汽车列车外廓尺寸、轴荷及质量限值》(GB1589—2016) 规定，确定相应的总质量限值。			

1.2.4 非法改装车禁入高速公路

我国实施机动车登记制度，车辆的登记管理工作由地方公安机关交通管理部门的车管所负责实施，非法改变机动车的品牌、型号和发动机型号（经国务院机动车产品主管部门许可选装的发动机除外）的车辆，禁入高速公路；改变已登记的机动车外形和有关技术数据（法律、法规和国家强制性标准另有规定的除外）的车辆，履行相关手续，可以驶入高速公路。

以下改装可以驶入高速公路：

（1）小型、微型载客汽车在不影响号牌识别的情况下加装前后防撞装置；

（2）货运机动车加装防风罩、水箱、工具箱、备胎架等；

（3）增加机动车车内装饰。

以下改装需要登记后驶入高速公路：

（1）改变车身颜色的；

（2）更换发动机的；

（3）更换车身或者车架的；

（4）因质量问题更换整车的；

（5）营运机动车改为非营运机动车或者非营运机动车改为营运机动车等使用性质改变的；

（6）机动车所有人的住所迁出或者迁入车辆管理所管辖区域的。

以下改装需要备案后驶入高速公路：

发动机号码、车辆识别代号因磨损、锈蚀、事故等原因看不清或损坏的，重新打刻原发动机号或车辆识别代号后及时向登记地车辆管理所申请备案。

1.2.5　危险货物运输车辆通行限制

根据《危险货物分类和品名编号》（GB6944—2012）、《危险货物品名表》（GB12668—2012）将危险货物按主要危险性分成 9 类，只有经过国家相关职能部门严格审核，并且拥有能保证安全运输危险货物的相应设施设备，才能进行危险货物运输。

运输危险货物的车型一般有厢式车辆和罐式车辆两种。

危险货物运输厢式车辆

危险货物运输罐式车辆

危险货物运输车辆危险性较普通运输车辆高，我国部分高速公路会在重大节假日、夜间等部分时段、路段对危险货物运输车辆禁行。驾驶危险货物运输车辆出行的驾驶人可通过电话、网络等方式向高速公路管理部门或公安交管部门及时获取禁行管制的动态信息。

危险货物运输车辆禁行标志

1.2.6 营运客车通行限制

根据《国务院关于加强道路交通安全工作的意见》（国发〔2012〕30 号）、《道路旅客运输企业安全管理规范》、《关于进一步加强和改进道路客运安全工作的通知》（交运发〔2010〕210 号）规定：禁止营运客车在凌晨 2 点至 5 点期间在高速公路运行。发现营运客车违反禁行规定，公安交管部门会引导营运客车驶离高速公路，或至就近服务区休息，到凌晨 5 时后再放行。

营运客车禁行标志

1.3 高速公路行车特点

1.3.1 分隔行驶

实行严格的分隔行驶是高速公路的基本特征。高速公路采取分道行驶的原则，通过设置不同种类的车道，将速度快、慢的车辆分隔，减少同一车道内车辆间的速度差，弱化了车辆间的行驶冲突。同时，高速公路设置应急车道，供发生故障或特殊情况的车辆临时停靠或等待救援。分隔行驶虽然提高了行车安全度，但可能导致麻痹大意，认为高速公路平坦、宽阔，无对行车辆，产生侥幸心理，产生安全隐患。

高速公路分隔行驶

1.3.2 出入控制

高速公路对车辆的进出有着严格的控制措施。其一，对机动车性能要求比较高，并非所有车辆都能驶入高速公路行驶，《中华人民共和国道路交通安全法》规定：行人、非机动车、拖拉机、轮式专用机械车、铰接式客车、全挂拖斗车以及其他设计最高时速低于 70 公里 / 时的机动车，不得进入高速公路，部门省份规定摩托车不得进入高速公路。其二，高速公路采取的是全封闭式行车管理，机动车出入高速公路都有固定的出入口，不像一般公路可随意进出，使高速公路与周围环境隔离，限制非机动车、行人、牲畜等进入，通行车辆也只能从互通式立交匝道出入高速公路。全封闭主要采用护栏、高路堤、高架桥等措施，消除平面交叉带来的横向干扰。出入控制有利于形成高速、稳定的车流，但高速公路出入口处因要实现车辆分流、合流，动态安全隐患增加，需要驾驶人谨慎驾驶，注意驶入驶出车辆。

高速公路出入控制

1.3.3 速度快

与普通公路仅仅限制最高时速不同，高速公路在限制最高时速 120 公里 / 时的基础上还规定了最低时速 60 公里 / 时。从驾驶人的生理条件看，速度会降低驾驶人的视力。研究表明，驾驶人的视力随车速的增高而减弱。在车辆时速 72 公里 / 时时，视力为 1.2 的驾驶人会下降到 0.7，这时驾驶人对环境与路况的分辨力大大下降，这是车速过快易肇事的重要生理原因之一；速度快还会延长车辆制动距离，制动非安全区加大，容易发生事故。

高速公路车辆行驶速度快

1.3.4 设施完善

高速公路不同于普通公路，除具有基本的道路使用功能外，还设有不少交通工程和服务设施，典型的如服务区、加油站、标志标识等。这些设施为车辆的高速运行提供了技术上、物资上的供应和保障，使高速公路不仅具有车辆通行的功能，而且能够成为一个能源、信息传递的多功能载体。驾驶人要具备标志标识的识认能力，提高服务区路段行驶安全意识，掌握相应驾驶技巧。

高速公路的交通与服务设施

1.3.5 线路穿省跨界

同一条高速可能会跨越不同省份，存在基础设施条件、天气条件及相关限速规定或管制措施各异情况。此外，高速公路出行路线一般较长，容易疲劳驾驶。

高速公路穿省跨界

第2章　行车前准备

2.1　车辆准备

汽车在出发前，驾驶人要对车辆进行相应检查，主要是对汽车发动机舱、驾驶室、汽车内部、汽车外部进行检查，发现问题或故障，及时解决或排除。

2.1.1　发动机舱检查项目及要求

驾驶员打开发动机罩，对发动机舱内进行有关项目的检查。

发动机舱检查项目及要求

检查项目	操作要领	操作图示	小汽车	客车	货车
机油（润滑油）	(1) 将车停在平坦路面上，拉起手刹，关掉发动机，并等待数分钟，让机油流回油底壳。 (2) 取出油尺，并用清洁的布或者餐巾纸擦拭干净，插回油尺，且要完全放到底，再次取出油尺，正常的油位高度必须在油尺上的最小值（Min）和最大值（Max）范围内即可，不可越过刻度区间。 (3) 检查机油颜色，如果出现以下情况：呈暗褐色，呈黏稠状，含有水汽等，就要及时更换机油。	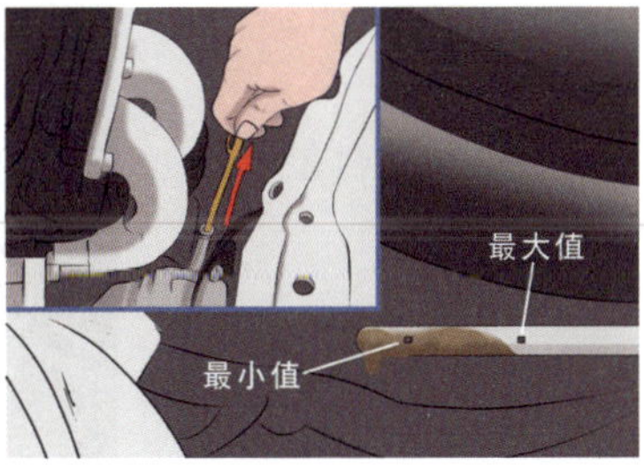	√	√	√

（续表）

检查项目	操作要领	操作图示	小汽车	客车	货车
动力转向油	(1)将车停在平坦路面上，拉起手刹车，打开转向助力壶盖。看油尺刻度线是否正常，正常的油位高度必须在油尺最大与最小刻度范围内。 (2) 检查油的颜色和污染状况。	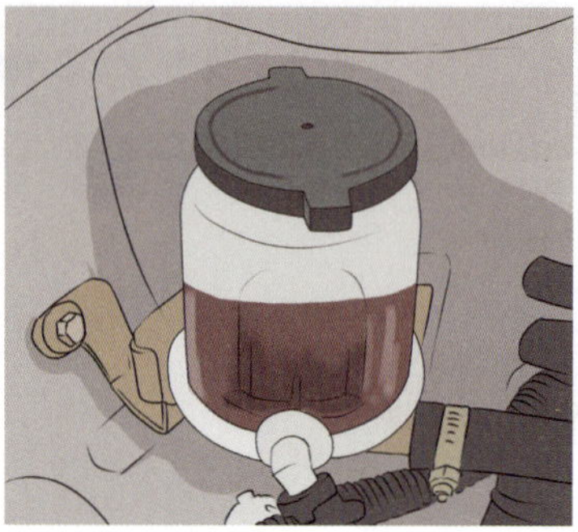	√	√	√
刹车油	(1) 刹车油按照规定通常每年或每行驶3万公里更换一次（以两者先到者为准），若还未到更换时机，也要检视刹车油存量，可目视刹车油壶外的刻度判别，刹车油必须介于Max与Min之间，若需要添加一定要添加到Max位置。 (2) 对于标号数不同的刹车油，需严格控制避免混用。		√	√	√
燃油	行车上路前一定要检查燃油量是否充足。		√	√	√

（续表）

检查项目	操作要领	操作图示	小汽车	客车	货车
水箱水（防冻液）	(1) 水箱中的液体为防冻液，行车前应检查水箱及副水箱内的储水量是否足够，正常应该在上限与下限刻度的中间位置。 (2) 若要自行检查水箱的储水量，请不要在发动机运转时或停止运转 1 小时内打开水箱盖，但可用湿毛巾遮盖水箱盖，缓慢拧开至毛巾发热就停止，等泄压 5 ～ 10 分钟后可全部拧出。	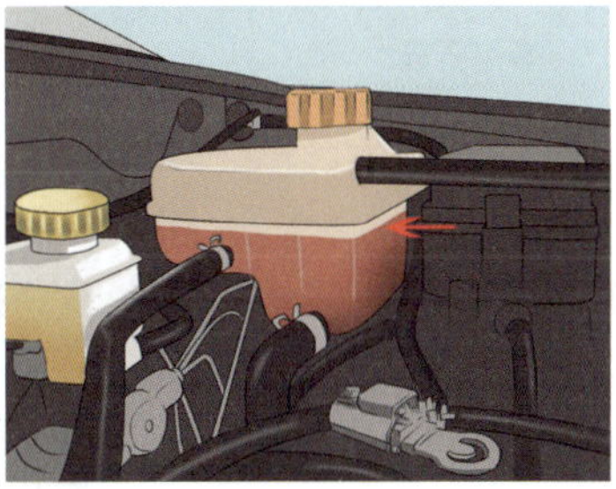	√	√	√
雨刮水（玻璃水）	在出行前最好将玻璃水注满以备用。不能添加普通的水，因为容易产生水垢，会将喷水器堵塞。	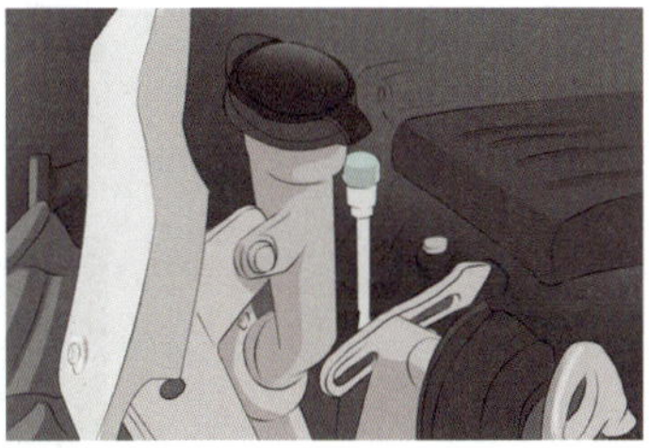	√	√	√
电瓶（蓄电池）	(1) 电瓶是汽车电子控制系统的心脏，汽车上路前要对电瓶进行检查。 (2) 有的汽车电瓶上有个观察孔，观察孔显示黑色则说明需要充电，如果观察孔显示白色则表示要更换电瓶了。没有观察孔的，就在熄火状态测量电瓶电压，大于 12 伏就没问题。如果没有测量工具，可以根据车子启动是否顺畅，大灯灯光是否够亮来判断。另外最好随车带两根电瓶线，以备不时之需。	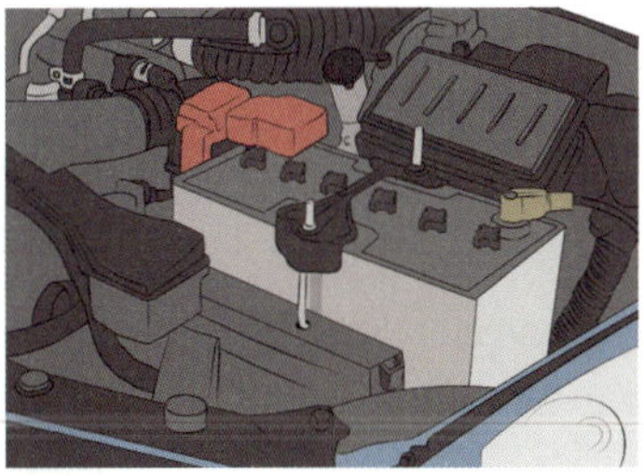	√	√	√

注："√"表示需要对该项目进行检查，下同。

2.1.2 驾驶室内部检查项目及要求

驾驶员坐入驾驶室内，对驾驶室内部进行有关项目的检查。

驾驶室内部检查项目及要求

检查项目	操作要领	操作图示	小汽车	客车	货车
发动机运转情况	启动发动机，察听发动机在怠速、急加速情况下，运行是否平稳，是否出现异响。		√	√	√
油压	机油压力指示灯应在钥匙打开时变红，发动机启动后 10 秒内熄灭。	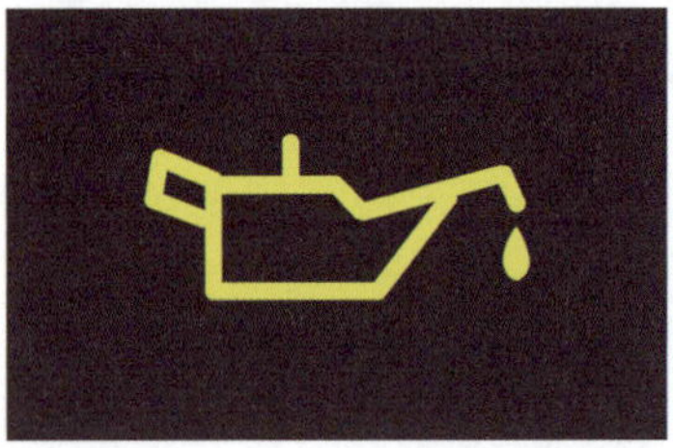	√	√	√
电压	电瓶指示灯应在钥匙打开时变红，发动机启动后 10 秒内熄灭。		√	√	√

（续表）

检查项目	操作要领	操作图示	小汽车	客车	货车
气压（真空助力制动式）	将制动器踏板踩到底后启动发动机，感觉制动器踏板是否会下沉，若踏板下沉，则表示真空辅助刹车作用正常。	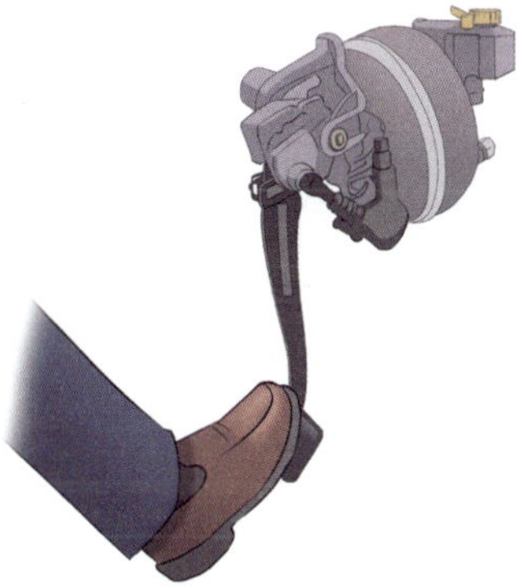	√	√	√
ABS 系统	ABS 系统指示灯应在钥匙打开时变红，在数秒后熄灭。		√	√	√
	对于挂车，左右后方的黄色信号灯不亮。				√
仪表盘	正常车辆发动机启动并系好安全带、松开手刹正常行驶时，仪表是没有任何警告灯的（燃油不足报警除外）。		√	√	√

（续表）

检查项目	操作要领	操作图示	小汽车	客车	货车
方向盘	启动发动机，轻轻转动方向盘使车轮开始移动，此转动量即为方向盘的自由行程，一般为10° ～ 15° 。当零件磨损严重，致使方向盘自由行程超过25º ～ 30º时，必须进行调整。	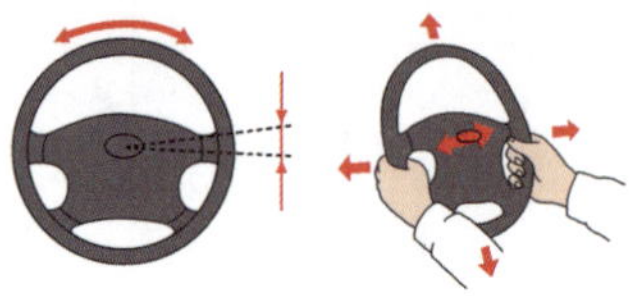	√	√	√
制动踏板	（1）汽车发动机未启动状态下，踩下制动踏板，首先应能感觉出踏板的微小自由行程，自由行程应在12 ～ 18毫米之间。继续踩下踏板，踏板应有明显的阻力直至踩不动为止。制动踏板踩到底时，制动踏板应与驾驶室地板之间保持一定的距离，该距离应符合车型的要求。如果踏板踩下去软绵绵的，没有明显的阻力，说明制动系统有故障，应进行修理。 （2）启动发动机，松开手制动，使汽车以20 ～ 30公里 / 时的速度行驶，在干燥平直的路面上踩下制动踏板，汽车应迅速减速及停车，且无跑偏现象。汽车制动后，当松开制动踏板并继续行驶时，应能顺利起步和行驶，而且在行驶中当不动方向盘时，汽车应保持直线行驶而不跑偏。当汽车行驶一段距离（不踩制动）后，停车检查制动鼓（制动盘和制动片）的温度时，温度应正常不烫手。	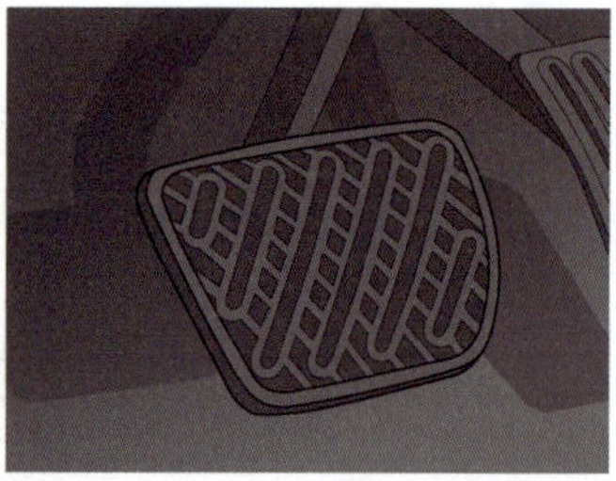	√	√	√
加速踏板	汽车发动机未启动状态下，踏下加速踏板，感觉无异物。	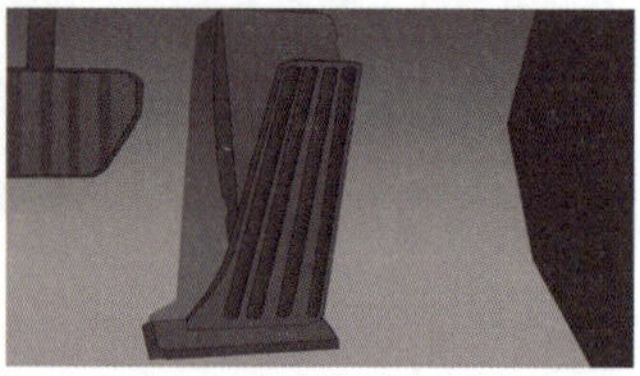	√	√	√

（续表）

检查项目	操作要领	操作图示	小汽车	客车	货车
离合器踏板	汽车发动机未启动状态下，用力踩离合器踏板，看踏板能否顺利的踏下并回位，检查离合器踏板与车厢地板之间的间隙是否符合要求。	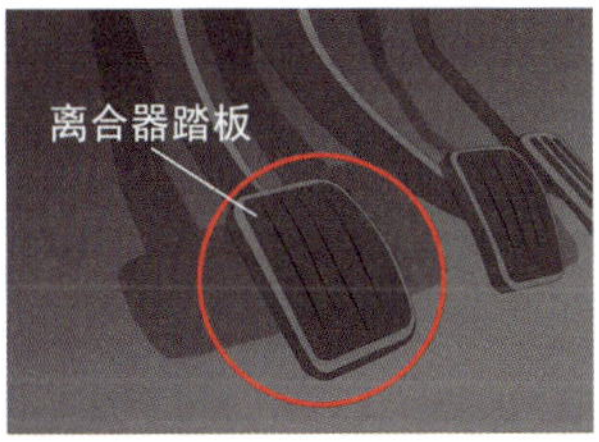	√	√	√
变速操作杆	将变速杆置于停车位置，将点火钥匙转到“启动（START）”位置，如果发动机转动，则调整是正确的；慢慢地将变速杆移到空挡位置，并让其落入凹口。重新启动发动机试验：如果发动机转动，则调整是正确的；如发动机不工作，则操纵杆系应进行调整。	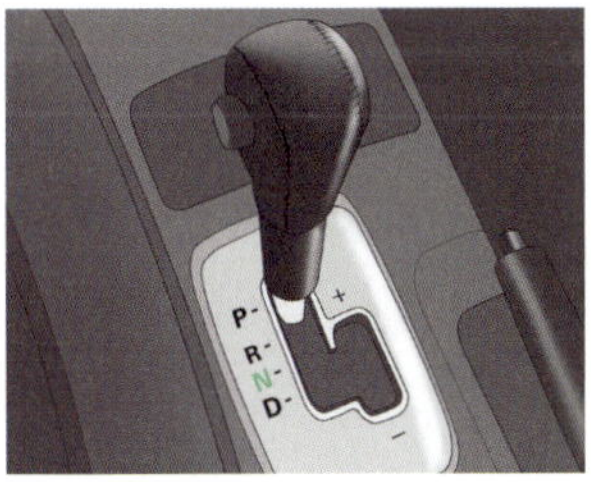	√	√	√
驻车制动器操作杆	驻车制动器操作杆（手刹），长期使用会使钢丝产生塑性变形，由于这种变形是不可恢复的，所以长期使用会降低效用，在行车前，要检查手刹，感受弹簧弹性是否正常。	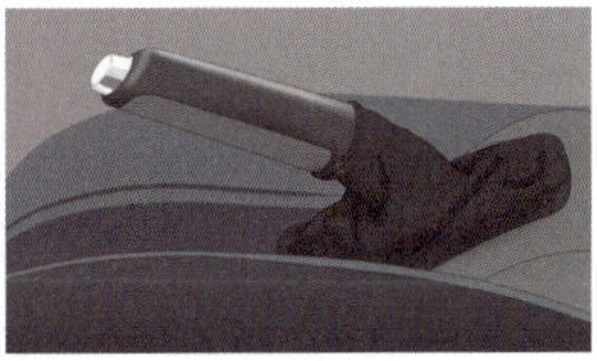	√	√	√
雨刷器	将雨刷器开关置于各种速度位置处，检查不同速度下雨刷是否保持一定速度，以及雨刷器在停止刮水时的位置。正常情况下，雨刷器在刮水状态时，摆幅顺畅，不会出现跳动，不会发出噪声，橡胶的接触面与玻璃面能完全贴合，不会产生擦拭残留，停止刮水时，雨刷器能正常复位。检查洗涤剂的喷射状态度，洗涤剂能否正常喷出。	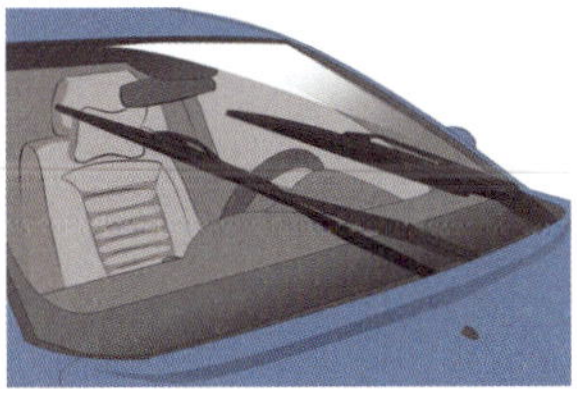	√	√	√

（续表）

检查项目	操作要领	操作图示	小汽车	客车	货车
安全带	能正常调节长度、锁止、无破损。	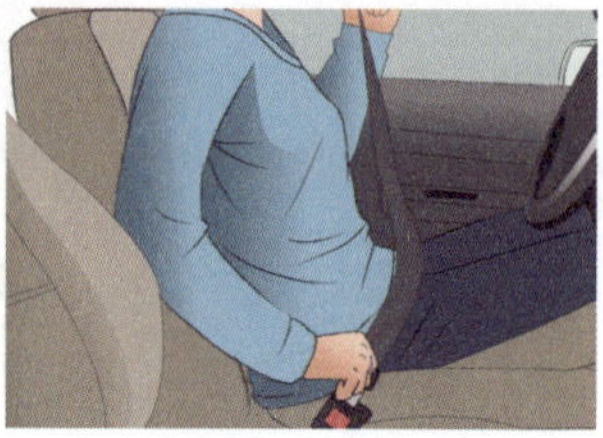	√	√	√
喇叭	按动喇叭按钮，查看喇叭按钮是否正常，检查喇叭是否发声，检查音量和音调是否稳定。		√	√	√
灯光	打开各种灯光，包括行车灯、倒车灯、刹车灯、转向灯、车内灯、雾灯、前大灯等，检查灯光是否齐全、有效。	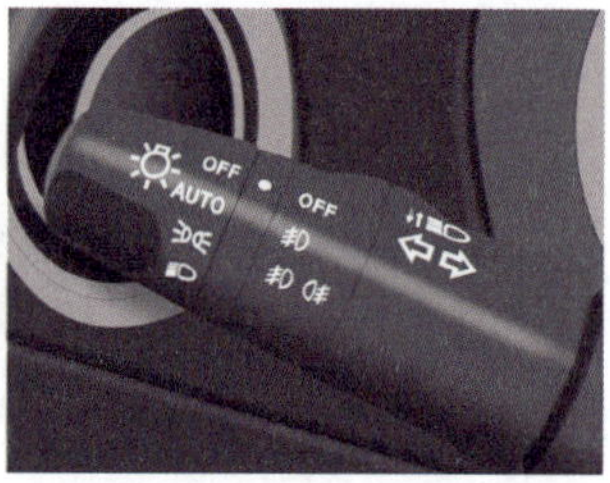	√	√	√
车镜	检查左、右及车内后视镜是否完好、清晰，并根据驾驶人员的情况，将车镜的位置调整得当。		√	√	√

（续表）

检查项目	操作要领	操作图示	小汽车	客车	货车
车窗	开启车窗开关，检查车窗开启是否灵活、可靠。		√	√	√

2.1.3 汽车内部检查项目及要求

驾驶员对车辆内部（除驾驶室以外）进行有关项目的检查。

汽车内部检查项目及要求

检查项目	操作要领	操作图示	小汽车	客车	货车
座椅	检查座椅是否齐全、完好。	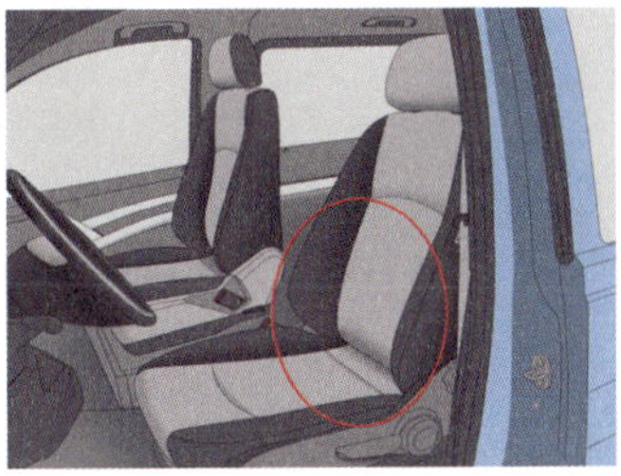	√	√	√
应急门	客车的应急门要齐全，开启要灵活、可靠。			√	

（续表）

检查项目	操作要领	操作图示	小汽车	客车	货车
行李架、栏杆、扶手	完好、牢固。	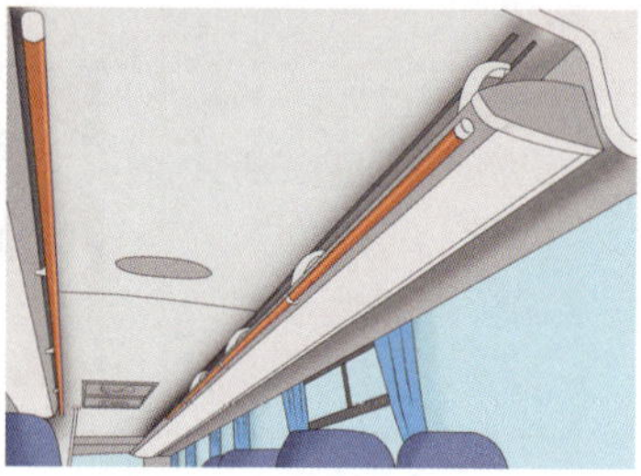		√	
地板	平整、清洁、无破损。			√	
安全锤	齐全、固定、便于取用。	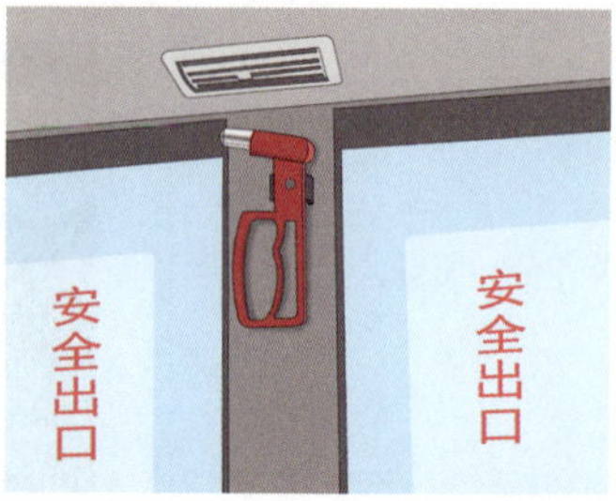		√	

2.1.4 汽车外部检查项目及要求

驾驶员对车辆外观进行有关项目的检查。

汽车外部检查项目及要求

检查项目	操作要领	操作图示	小汽车	客车	货车
轮胎	轮胎的检查主要集中在胎纹磨损程度的检查、胎面扎钉检查、胎压检查等方面，可以通过“测”“看”“晃”三步来完成对轮胎的检查。 （1）测胎压 轮胎的检查，最基本的就是检查胎压，不要过高也不要过低，过高了抓地力下降，制动距离长；过低会使轮胎过度变形，阻力变大，增加油耗。胎压检测需要用到一个简单的胎压计，只需要将胎压计的接口对准轮胎气嘴，胎压计上即可显示胎压数值。对四个轮胎和备胎都需要进行测量，确保在正常胎压范围内。正常胎压值可以参考说明书或车身上的标签。如果车辆本身有胎压监测系统，则直接检查轮胎胎压即可。 （2）看胎纹 看胎纹，主要是检查轮胎的老化程度、磨损程度，以及有无划伤、鼓包、扎钉等。一般轮胎胎纹都有一个磨损标记，通常情况下，轮胎胎纹深度小于2毫米时，或者当胎纹接近磨损标记时就表示需要更换轮胎了。 除了对于胎纹深浅的检查，还需要仔细检查胎面是否扎有钉子、鼓包和划痕。特别要检查轮胎侧面有没有割伤，轮胎侧面是否有裂痕和不均衡磨损，这种损伤会导致轮胎被扎伤或者爆裂，如果有这类损伤，一定要立即更换轮胎。如果只是橡胶划伤不影响使用，但是如果伤到里面的轮胎线，	 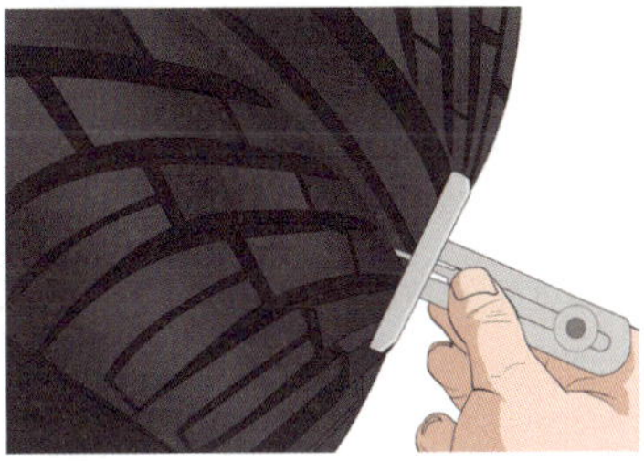	√	√	√

（续表）

检查项目	操作要领	操作图示	小汽车	客车	货车
	就必须更换新胎。如果超过两年轮胎没有动过，最好把前轮的两条轮胎和后轮的轮胎进行交换。 （3）晃轮胎 晃轮胎，就是将车辆架起后，左右晃动一下轮胎，如果轮胎晃动的量不大就证明没有问题。此外，可以将汽车开上平坦的道路，不扶方向盘，看能否走直线，仔细检查 4 个轮胎的一致性，不一致则必须做下四轮定位。				
制动盘	（1）刹车片的检查 主要是检查刹车片的厚薄，如果感觉太薄（小于 2 毫米）就需要更换了。刹车片检查还可以有以下两种方法：一是正常速度行驶，踩刹车试试有没有什么异常；二是将车停到坡道上，看看手刹是否有作用。如果刹车明显感觉有异响或者明显刹不住车，就要第一时间修理。 （2）制动盘的检查 大多数刹车盘产品有磨损指示器，就是在盘面上会分布 3 个凹槽。用游标卡尺量一下凹槽的深度达 1.5 毫米。也就是说，刹车盘双面的总磨损深度达到 3 毫米，即出现完全磨损时，建议及时更换刹车盘。	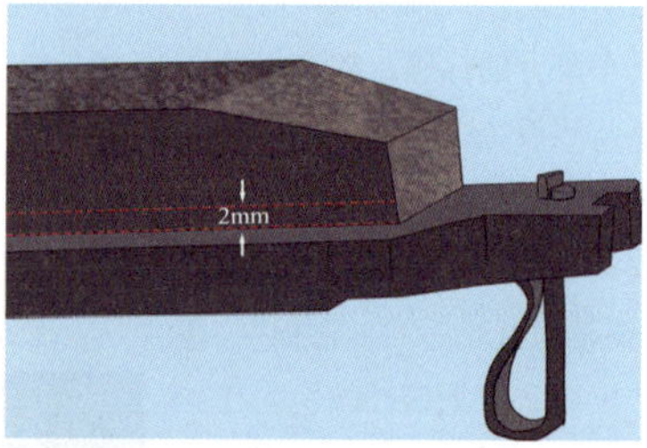 	✓	✓	✓

（续表）

检查项目	操作要领	操作图示	小汽车	客车	货车
轮毂	检查轮毂有无变形。		√	√	√
螺栓	检查汽车外露部位螺栓螺母是否齐全，确保无松动。	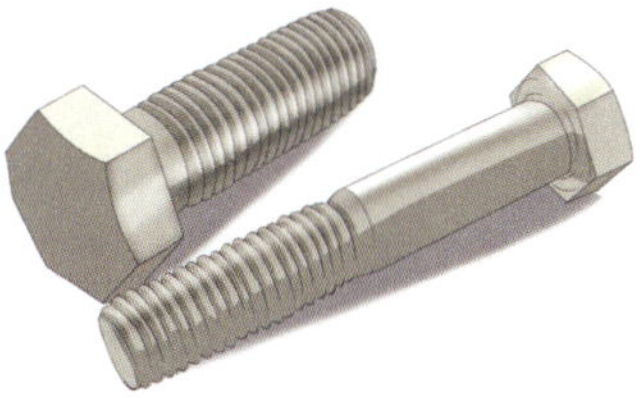	√	√	√
燃油箱及油箱盖	检查燃油箱及油箱盖紧固，油箱盖完好、无渗漏。	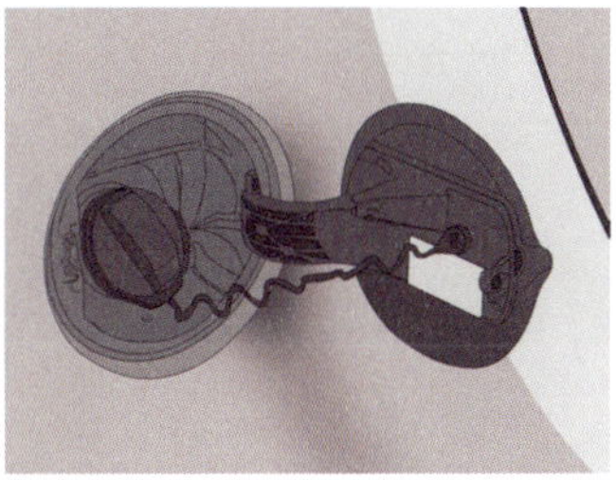	√	√	√
玻璃	检查汽车玻璃是否有裂痕或者污渍，特别是检查挡风玻璃，尤其是挡风玻璃的左下角与右下角等一些不太容易注意的死角。		√	√	√

（续表）

检查项目	操作要领	操作图示	小汽车	客车	货车
车门	检查车门、车窗开关是否正常，车门、车窗开启是否灵活、可靠。	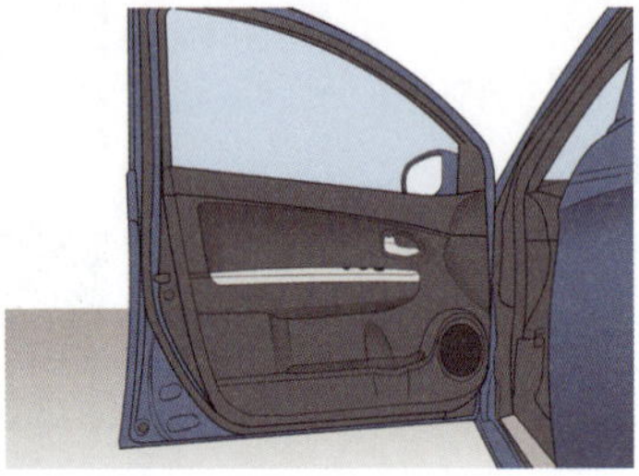	√	√	√
行李舱及舱门	检查行李舱门完好、无松动。			√	
车灯	检查车灯齐全、完好、无破损。	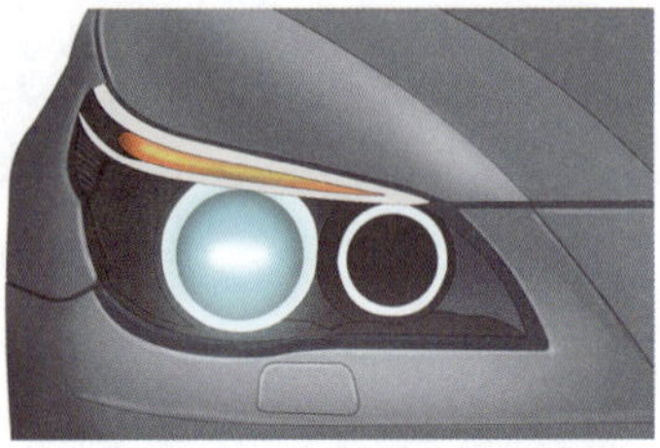	√	√	√
车牌	检查汽车牌照有无污渍和损坏，保持车牌的完整与清洁。	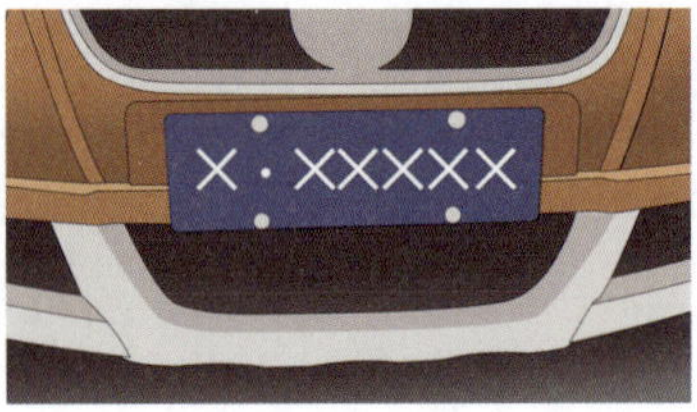	√	√	√

（续表）

检查项目	操作要领	操作图示	小汽车	客车	货车
反光器	检查反光器齐全、完好、无破损。	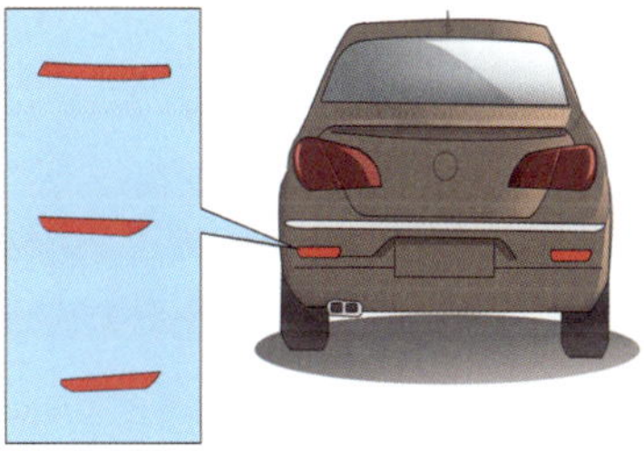	√	√	√
侧、后防护装置	检查侧、后防护装置完好。	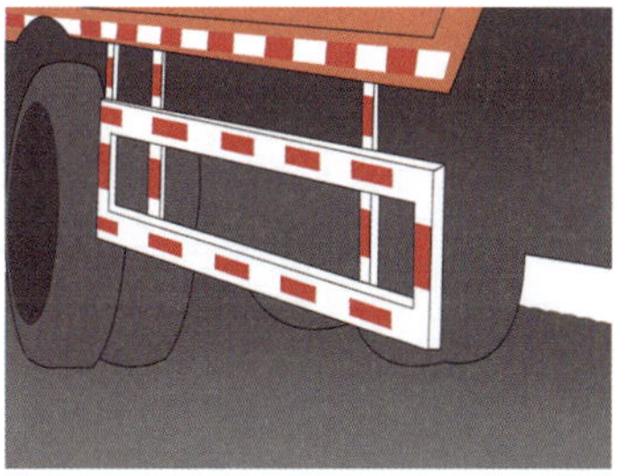			√
侧、后栏板	检查侧、后栏板完好、后栏板挂钩牢靠。	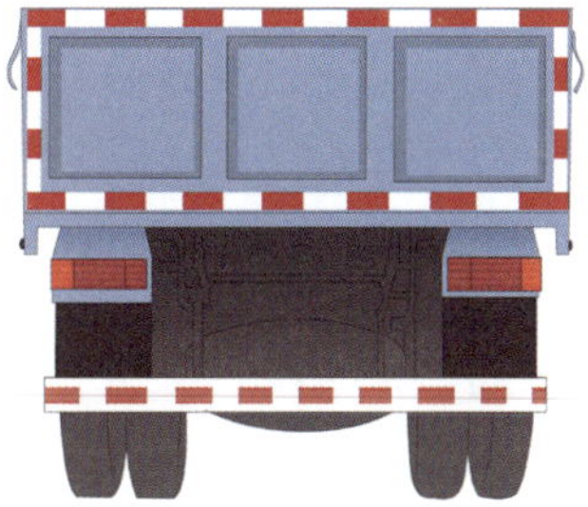			√

2.1.5 常用工具和其他检查项目及要求

检查项目	操作要领	操作图示	小汽车	客车	货车
应急装备	(1) 灭火器：是否齐全、有效、便于取用。 (2) 备胎：检查备胎的胎压是否正常。 (3) 危险警告标志：是否齐全、是否在使用有效期内。	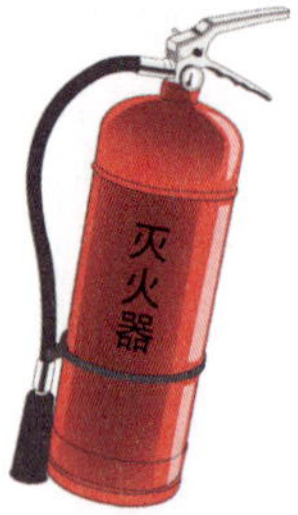	√	√	√
自救工具	检查自救工具是否齐全、有效，如：千斤顶，6 ~ 19 毫米扳手 / 套筒，一字 / 十字螺丝刀，破窗工具，牵引带。	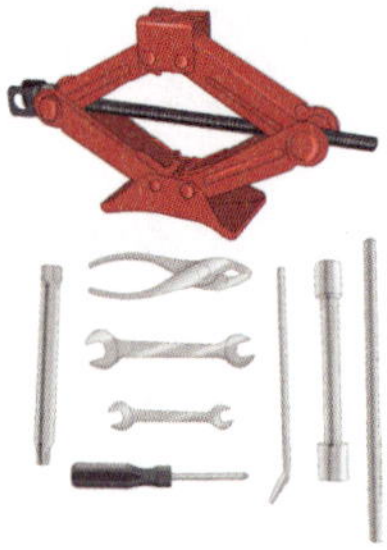	√	√	√

（续表）

检查项目	操作要领	操作图示	小汽车	客车	货车
相关手续	随身携带本人驾驶证、车辆行驶证等法定证件。检查汽车是否通过年检，年检手续是否齐全、完备，将年检合格标志贴在汽车前挡风玻璃指定位置。		√	√	√

2.2　人员准备

2.2.1　保证充足睡眠

睡眠不足是引起疲劳驾驶的重要因素，驾驶人驾车出发前一定要保证充足的睡眠，至少保证 7 至 8 小时的睡眠。睡眠不足会导致行车中困倦瞌睡、四肢无力，不能及时发现和准确处理路面上的交通情况。有机构研究结果表明：睡眠不足对驾驶安全的危害是巨大的。睡眠时间少于 5 小时的驾驶人驾车风险不亚于酒驾。驾驶人一旦出现精神疲倦、反应迟钝等现象，应立即驶入最近服务区停车休息，待头脑清醒后继续开车。

睡眠不足会导致困倦

2.2.2 避免部分药物影响行车安全

很多药物中的成分都会让人犯困，甚至精神萎靡，服用这类药物的驾驶人在驾车过程中存在重大安全隐患。

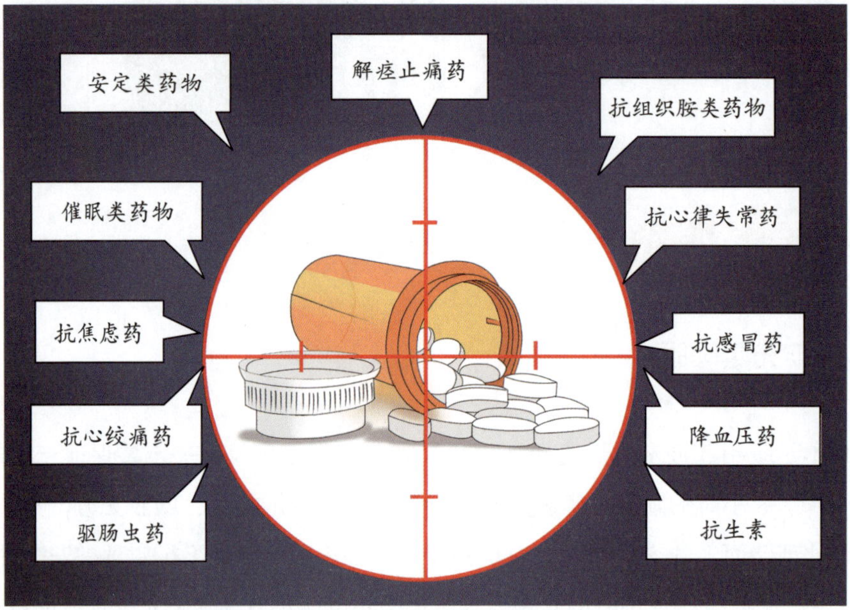

影响高速行车安全的11类药物

安定类：如安定、氯丙嗪等，长期或大剂量服用后，常产生眩晕、嗜睡、肌无力、体位性低血压和反应性下降等副作用；更严重的是视力模糊、眼球震颤，驾车时因看不准前方道路上突然变化的情况，极易导致车祸发生。

催眠药：如巴比妥类药物、水合氯醛等，晚上服用后能使人安睡，翌日还会有头晕目眩、乏力嗜睡和反应迟钝等不良反应。

抗组织胺药：如异丙嗪、非那根、扑尔敏、赛庚啶和安其敏等，因其对中枢神经有明显的抑制作用，故常有嗜睡、眩晕、头痛乏力、颤抖、耳鸣和幻觉等副作用。

抗感冒药：大多数感冒药都含有抗组织胺类药物，服后产生较多的副作用。驾驶员可改服不含抗组织胺成分的感冒药。

抗焦虑药：如丙咪嗪、多虑平等，常伴有疲乏嗜睡、视野不清、肌肉震颤、反应迟钝和体位性低血压等。若出现此种迹象，则应暂停驾车，立即休息，以求安全。

降血压药：如利血平、可乐定、硝普钠、哌唑嗪和甲基多巴等，副作用广泛，如心血管方面有心悸、心绞痛和体位性低血压等；神经系统方面头痛、眩晕和嗜睡等；其他方面还有视力模糊、手指颤抖和疲乏无力等。

抗生素：长期使用氨基糖甙类抗生素如链霉素、庆大霉素、卡那霉素和新霉素等，因毒害第八对脑神经，可出现头痛、耳鸣、耳聋、视物不清、颤抖和体位性低血压等不良反应。

抗心绞痛药：如硝酸甘油、心得安、消心痛和心痛定等的不良反应有搏动性头痛，在高速行驶、颠簸不平的车辆上尤甚，这是因为血管扩张而致；还有眼内压、颅内压升高而致的视力不清、头晕乏力等。

解痉止痛药：阿托品类生物碱、阿托品、东莨菪碱和山莨菪碱等，常见副作用为视物模糊和心悸；过量则出现焦躁、幻觉、谵妄和抽搐等中枢兴奋症状。服用此类药应绝对避免驾车。

抗心律失常药：如奎尼丁、美西律和心得安等，常有头痛、眼花、耳鸣和低血压等不良反应；剂量过大可出现心动过缓、传导阻滞，甚至低血压昏厥。该药还可使人反应迟钝，不能当机立断，易致车祸。

驱肠虫药：有红色蛔灵、甲苯咪唑、安乐士和阿苯哒唑、肠虫清等，若口服后同时进食大量油腻食品，可使药物大量吸收，出现中枢神经症状，如眩晕、头痛、胡思乱想、精神紊乱；过量易诱发黄视、绿视等色觉变化，使开车者辨认不清红绿灯，继而出现种种幻觉，危及驾驶人的生命。

2.2.3　避免酒驾

酒驾分为饮酒驾车与醉酒驾车，饮酒驾车是指车辆驾驶人员血液中的酒精含量大于或者等于 20 毫克 /100 毫升，小于 80 毫克 /100 毫升的驾驶行为；醉酒驾车是车辆驾驶人员血液中的酒精含量大于或者等于 80 毫克 /100 毫升的驾驶行为。

酒驾危害大 酒后驾车，因酒精麻痹作用，行动笨拙，反应迟钝，操作能力降低，驾驶人往往不能很好地操纵车辆；酒后驾驶人注意力分散，判断能力降低；酒后驾驶人视野减小，视像不稳，色觉功能下降，导致不能及时识认交通标志标线，对处于视野边缘的危险隐患难以发现；酒后，人易犯困、疲劳和打盹，甚至进入睡眠状态，此时驾车危险性极高。

上高速前一天过量饮酒也会导致酒驾 研究表明，酒精在人体中一般消散时间为 10 ~ 20 小时（视饮酒量不同，人体因素不同各异），故建议大量饮酒后至少 24 小时后再驾驶车辆。

2.2.4 系好安全带

当车辆发生碰撞或遇到意外紧急制动时，巨大的惯性作用力会使车内人员与方向盘、挡风玻璃、座椅靠背等物体发生二次碰撞，甚至将其抛离座位或车外，造成严重伤害，此时安全带能将车内人员固定在座位上，防止二次碰撞，减轻伤害。调查表明，在发生正面碰撞时，如果系了安全带，可使死亡率大幅度降低，因此，任何时候车内人员都必须系上安全带。

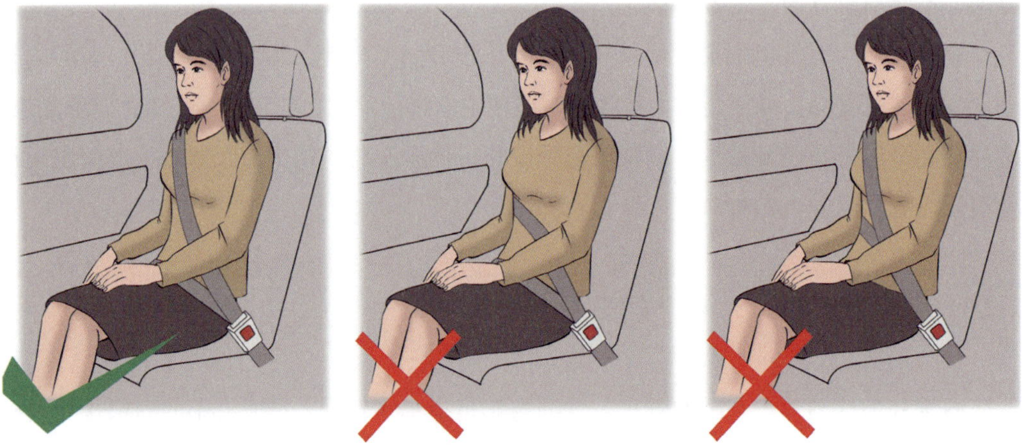

安全带的正确系法

2.2.5 正确使用儿童安全座椅

2.2.5.1 带儿童上高速公路的误区

（1）将儿童抱在手上。研究表明：一个重 16 千克的儿童在时速 70 公里的时候，相当一个 280 千克重的物体。发生紧急情况时，第一个被甩出去的是儿童！

带儿童上高速误区一：将儿童抱在手上

（2）儿童系成人安全带单独坐。在快速撞击下，成人的安全带会割伤儿童的颈部，或者造成儿童窒息。

带儿童上高速误区二：儿童系成人安全带单独坐

（3）儿童安置在后排随意爬动。一旦侧翻或者急刹车，很容易把儿童甩出车外。

带儿童上高速误区三：儿童安置在后排随意爬动

2.2.5.2 安全做法

应该给小于 12 岁，或者身高低于 1.4 米的儿童配备专门的安全座椅，并把儿童安全座椅安置在后排位置。小于 4 岁儿童的安全座椅要背靠前进方向安置；4 岁及以上儿童的安全座椅可以朝前安置在后排位置。

小于4岁儿童安全座椅安置做法

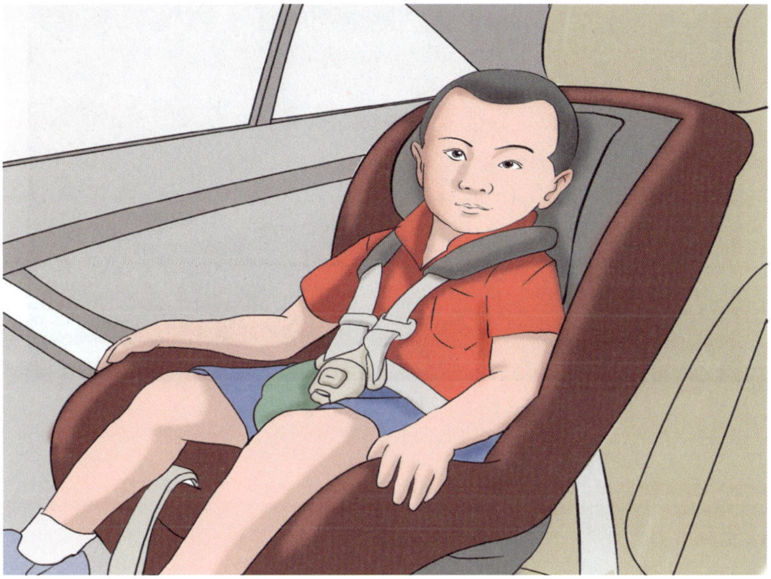

大于4岁儿童安全座椅安置做法

2.2.6 不宜饱餐

饱餐后，人体内大量血液流向胃肠等消化器官，而大脑则会因供血不足而缺氧，使人感觉到瞌睡、困倦、注意力分散。因此，驾驶车辆前，用餐不宜过饱，餐后最好休息半小时到一小时再驾车。

2.2.7 其他

长时间驾驶宜穿宽松服饰，鞋要舒适。女性驾驶人切忌穿高跟鞋驾车上高速。穿高跟鞋踩刹车，容易导致刹车踏板踩不到底、脚扭伤或者鞋跟卡在油门踏板和刹车踏板中间。紫外线强的天气上高速驾驶准备变色镜，未安装 ETC 的车辆驾驶人要提前准备好零钱。

高速公路驾驶切忌穿高跟鞋

2.3 提前规划

2.3.1 路径规划

驾驶人驾车前，即使有导航指引的情况下，也要通过导航地图、电子地图等预先查询路径，做好路线规划，提前获悉高速公路名称、高速公路出入口、途经的服务区等信息；驾车前与行驶过程中，驾驶人要随时关注规划线路的管制信息，是否存在封路绕行、临时管制等情况；此外还要查询规划路径上有哪些服务区，并按照行车时间预先规划要停靠的服务区。

利用导航规划路径

查询封闭施工等管制信息

2.3.2 时间规划

高速公路夜间行车视线差、驾驶人容易疲劳、发生危险的概率要远高于白天，建议驾驶人尽量选择白天高速公路出行。夜间光线差，驾驶人的视野模糊，无法全面掌握道路状况，遇到障碍物反应延迟，容易发生事故。且由于高速公路夜间行驶时，驾驶人完全靠车前灯照明，并根据前车尾灯判定车距，需要驾驶人更加集中注意力。部分驾驶人长期开启远光灯照明，会给对向及前方车辆驾驶人带来安全隐患。

夜间驾驶光线差

部分车辆长期开启远光灯影响对向及前方车辆

货车多选择高速公路夜间出行，部分货车由于长途运输并加之超载，发动机和轮胎容易出现故障。车辆出现问题后停车，追尾事故风险大。

货车高速公路夜间出行风险高

2.3.3 避开不利天气

掌握出行时天气情况，雨、雪、雾（霾）、大风天气不宜驾车驶入高速公路。驾驶人在不利天气出行安全风险增大，可能会被困或者遇高速临时封闭不能通行。

冰雪天气车辆被困高速公路

雾和霾等恶劣天气高速公路封闭

第3章 安全行车技巧

3.1 基础篇

3.1.1 驶入高速公路

驾驶人驾驶车辆由匝道驶入高速公路时，要先驶入收费站缴费，经匝道驶入加速车道，再并入行车道。

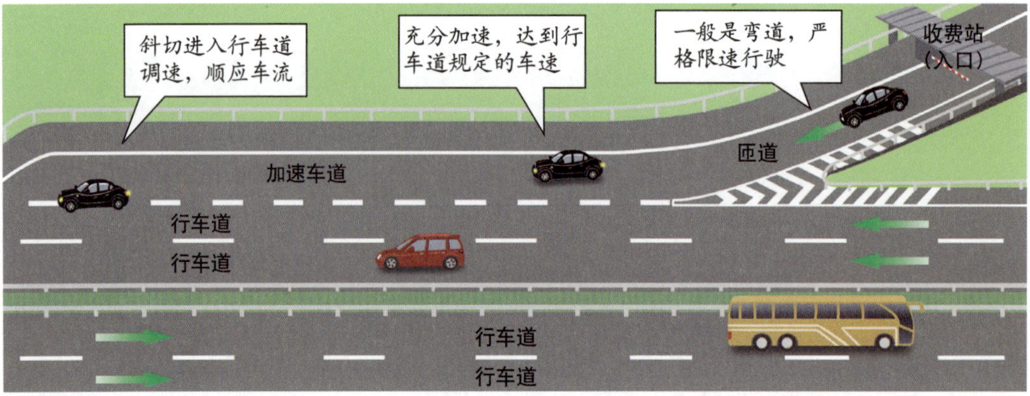

驶入高速公路过程图

3.1.1.1 驶入收费站

车辆驶近收费站时，要严格遵守限速规定，密切注视指示牌和情报板上显示的道路及天气情况，确定是否能进入高速公路。根据车型及缴费方式，选择相应通道上方亮绿灯信号的通行道口，依次排队通过，切勿争道抢行。

收费站入口车道有人工收费（发卡）车道、自助取卡车道（仅入口有）、ETC 车道。ETC 车道通常都有醒目的标志，并对进入车道的车辆有限速要求，一般都要求持有电子标签的车辆以 20 ～ 30 公里 / 时的车速不停车匀速通过，进入高速公路。ETC 一般设置在收费站内侧（左侧），但也有个别 ETC 收费设置在右侧。

高速公路收费站全景图

分车道通行注意事项：

（1）人工收费车道。进入收费或发卡入口处，尽量将车身靠近收费亭，停车时使驾驶室门窗对齐收费口，便于收费人员和驾驶人交接现金、票证或通行卡。中型以上货车通过设有超限超载检测装置的还应通过计重检查。

（2）自取卡车道。进入自助发卡入口处，尽量将车身靠近取卡机，停车时使驾驶室门窗对齐机器，通过上（大客车）或下（小客车）两个取卡按键取出通行卡。

（3）ETC 车道。按照车道的限速要求匀速通过。

（4）驾驶人要收好凭证，以备到达出口时交卡或验票，切忌将通行卡或票证随手乱丢，为寻找卡或票证影响通过速度。

高速公路收费凭证

3.1.1.2 匝道行驶

注意观察标志标线，以防走错方向。高速公路的入口大多采用立体交叉形式，有两条或两条以上不同方向的匝道，进入收费站后，应注意观察指路标志，确定目的地后选择正确的行驶方向进入相应的匝道。

注意警告标志，按标志规定的速度行驶。匝道上的最高限速通常较低，在高速公路匝道上行驶时，严禁超速。

高速公路匝道限速

匝道上严禁超车。高速公路匝道狭窄，且多为弯道，因此匝道上严禁超车，尤其不能占用最右侧的应急车道。

高速公路匝道禁止超车

3.1.1.3 加速车道驶入行车道

（1）在合流三角地带之前打开左转向灯。

（2）通过后视镜或直接目视观察主车道上的车流，提高车速至 60 公里 / 时以上，并正确估计行车道上车流速度，以调整和控制好行驶速度。

（3）驶入行车道时方向盘的操作不要过急、过猛。主车道车流密度大，并且车辆相距较近或以车队状态行车时，视不同情况分别处理：

1）首车速度较低，在不影响首车的正常行驶条件下，应从容加速从首车前方驶入；

2）首车速度高，其他尾随车与首车有近有远时，可以在不影响正常行驶的前提下，选择在一辆车速较低的车辆前方驶入；

3）首车速度高，尾随车辆相距很近时，本车应控制好车速，等所有车辆通过后再驶入。

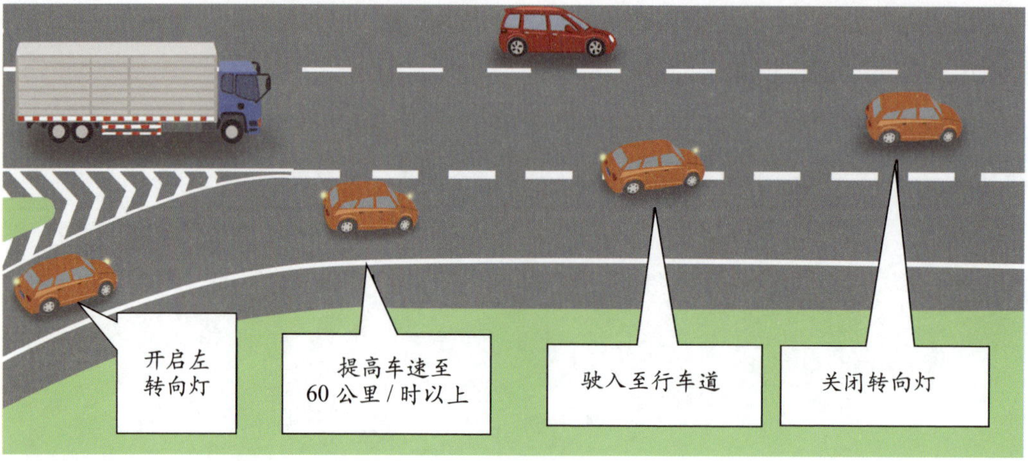

驶入行车道过程

3.1.2 分道行驶

驾驶人要根据驾驶的车辆类型、实际行驶速度，综合选择合适的行车道驾驶，并要按照规定调整控制行驶速度。

高速公路车辆分道行驶

高速公路上的车道及限速标志有小客车、客车、客货车等车型信息，也有速度限制信息。选择车道行驶时要综合考虑驾驶的车型及实际行驶速度，正确选择。

不同类型车辆速度限制规定

车辆类型	最高时速（公里／时）	最低时速（公里／时）
小型载客汽车	120	60
其他机动车	100	60
摩托车	80	60

根据《中华人民共和国道路交通安全法实施条例》规定，高速公路同方向有 2 条车道的，左侧车道的最低车速为 100 公里 / 时；同方向有 3 条以上车道的，最左侧车道的最低车速为每小时 110 公里 / 时，中间车道的最低车速为 90 公里 / 时。

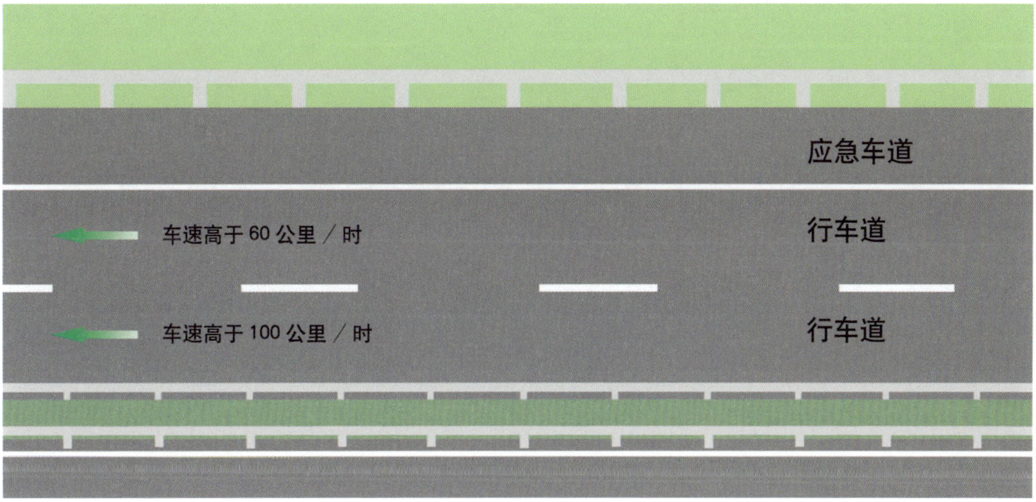

同向2条车道限速规定

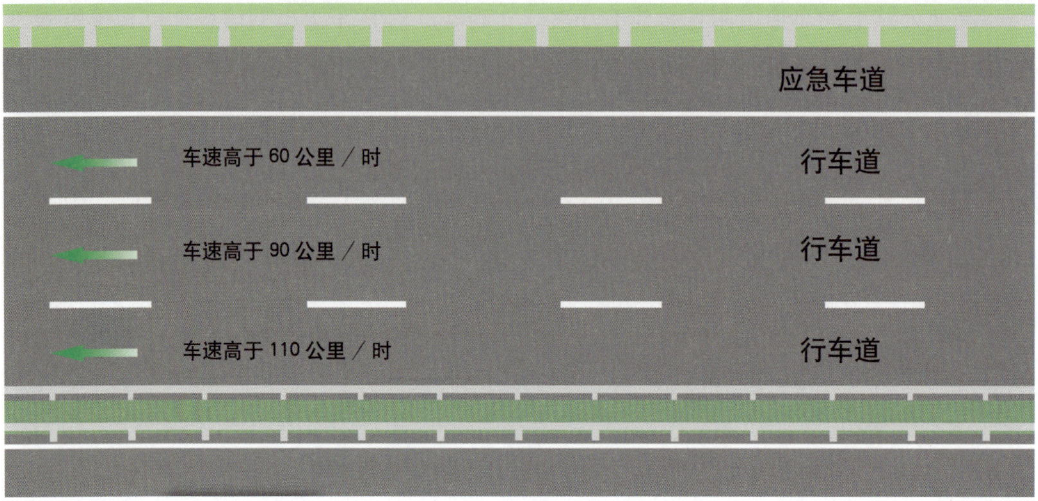

同向3条车道限速规定

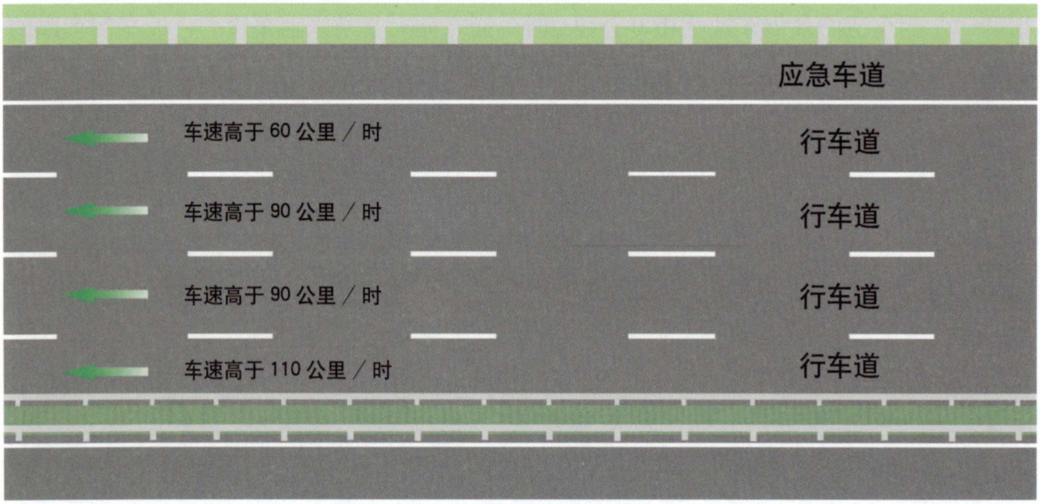

同向4条车道限速规定

注意事项

（1）道路限速标志标明的车速与上述车道行驶车速的规定不一致的，按照道路限速标志标明的车速行驶。

按照实际限速规定行驶

立柱式限速

(2) 根据车型与车道限速综合选择合适车道驾驶

受高速公路线形、视线、路况以及气候条件等各方面影响，各地会因地制宜对不同路段的高速公路进行限速，故实际驾驶中要按照设置在高速路上或路侧的限速标志规定的速度驾驶。

例如：上面两图为道路限速标志，不管是单向四车道、单向三车道，最左侧车道最高时速规定为 100 公里 / 时以下，与国家规定的 120 公里 / 时不一致情况下，要按照实际路上或路侧的限速标志驾驶。

(3) 点位测速与区间测速

点位测速通过测速雷达、线圈等设备测车辆的瞬时速度。

点位测速

区间测速

区间测速是在同一路段上布设两个相邻的测速点，测量该车辆经过前后两个测速点的时间来计算车辆在该路段的平均行驶速度，并依据该路段上的限速标准判定车辆是否超速，车辆变换车道不会影响区间测速结果。

在高速公路行驶时，驾驶人应严格遵守限速规定，遇到点位测速与区间测速时，特别是在雨雪天气、路面湿滑情况下，不要急踩刹车，避免造成追尾或者碰撞护栏事故。

案例

2010年4月18日16时46分，樟吉高速公路83公里加728米处，由于轿车驾驶人遇雨天未降低行驶速度（主因），大型旅游普通客车驾驶人在高速公路上不按规定车道行驶，遇雨天未降低行驶速度（次因），致大型旅游普通客车与轿车刮擦，冲出高速公路右侧护栏，翻下落差达7.1米的护坡，造成大客车上乘客10人死亡，22人不同程度受伤，两车严重受损的重大道路交通事故。

3.1.3 保持安全车距

车距过小容易造成追尾事故，过大容易被后车插入，也不安全，所以保持适当的跟车距离非常重要。根据《中华人民共和国道路交通安全法》规定：“机动车在高速公路上行驶，车速超过每小时100公里时，应当与同车道前车保持100米以上的距离，车速低于每小时100公里时，与车道前车距离可以适当缩短，但最小距离不得少于50米。”一般来讲，高速公路上跟车不宜过近，应尽量按照下面的不同车速选择跟车距离，以便安全行车。

车速50公里/时时，跟车距离不要少于50米。

车速80公里/时时，跟车距离不要少于80米。

车速100公里/时时，跟车距离不少于100米。

车速120公里/时时，跟车距离应保持120米以上。

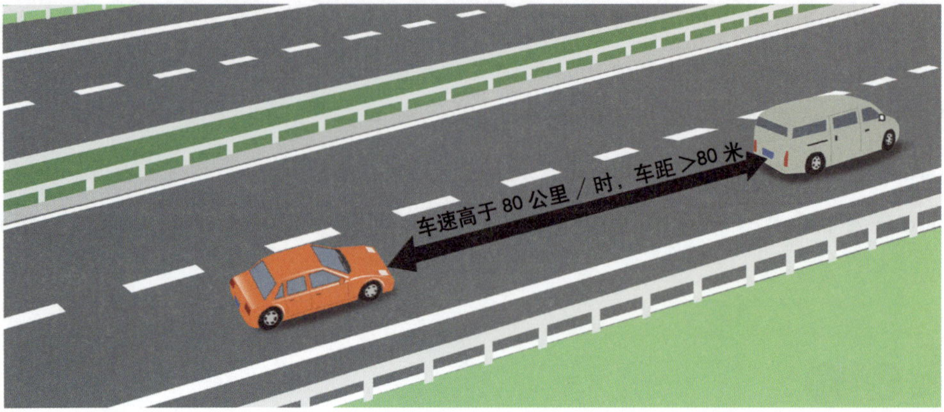

保持安全车距

车距判断技巧

高速公路上，专门设有为驾驶人确认行车间距的车距确认标志标线，在此路段上行驶，驾驶人可检验与前车的行车间距，适时调整车速，保持车距。

（1）车距确认指示牌

当驾驶人所驾车车头经过 0 米牌时的瞬间，观察前车，如果前车车尾已过 50 米牌，则车距保持在 50 米以上，如果前车车尾已过 100 米牌，则车距保持在 100 米以上，以此类推。如果车距较近，此时要轻踩刹车或缓踩油门踏板来适当减速，调整车距。

通过车距确认指示牌判断车距

（2）车距确认标线

白色折线，两道为一组，间隔 50 米，重复设置五组，配合车距确认指示牌使用，后车到达一组白色折线的起点，前车车尾恰好经过前方紧邻一组白色折线的起点，则表明两车相距 50 米，依次类推，五组白色折线车距确认线能供驾驶人判断 200 米范围的车距。

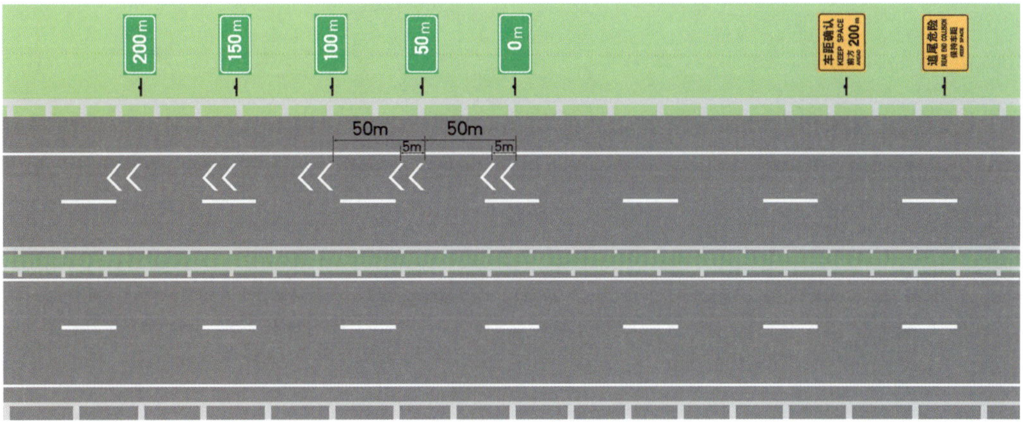

通过白色折线车距确认线判断车距

白色半圆形车距确认线半球半径为 30 厘米，间隔 50 米设置，一般在一定路段内连续设置。后车到达白色半圆形的起点，前车车尾恰好经过前方紧邻白色半圆形的起点，则表明两车相距 50 米，依次类推，白色半圆形车距确认线能供驾驶人判断车距的范围较大。

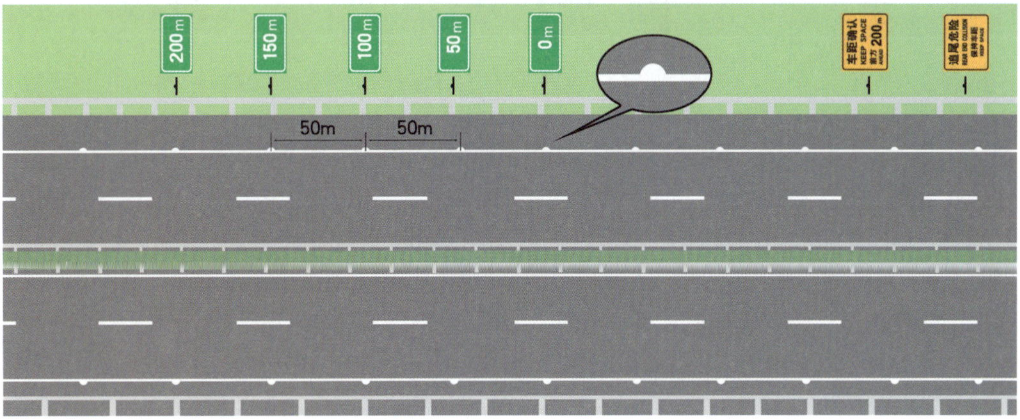

通过白色半圆车距确认线判断车距

(3) 固定参照物间隔 4 秒

一般情况下，若后车驾驶人确定前车驶过某一固定物体，后车行驶 4 秒以上到达该固定物体，则保持此间距行车是安全的。

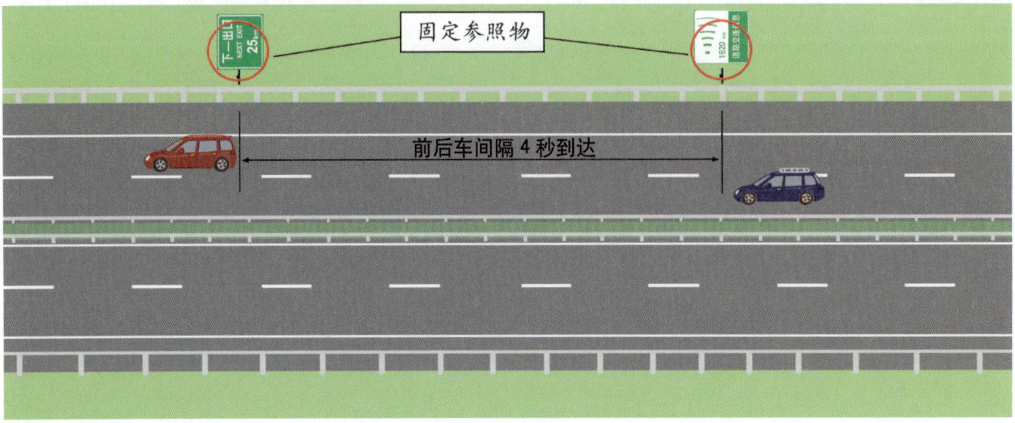

通过固定参照物间隔4秒判断车距

注意事项

(1) 遇大风、雨、雪、雾（霾）天或者路面结冰时，应当减速行驶，行车间距应适当加大 1 ~ 1.5 倍。

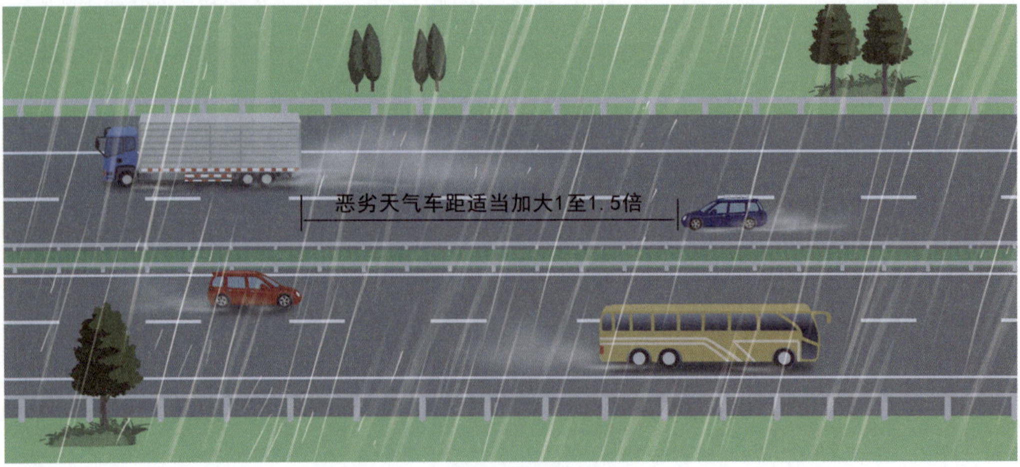

恶劣天气适当拉大车距

（2）若发现前车是危险货物运输车、装载货物有滑落或倾覆危险的车辆，尾随时应适当加大车间距离。

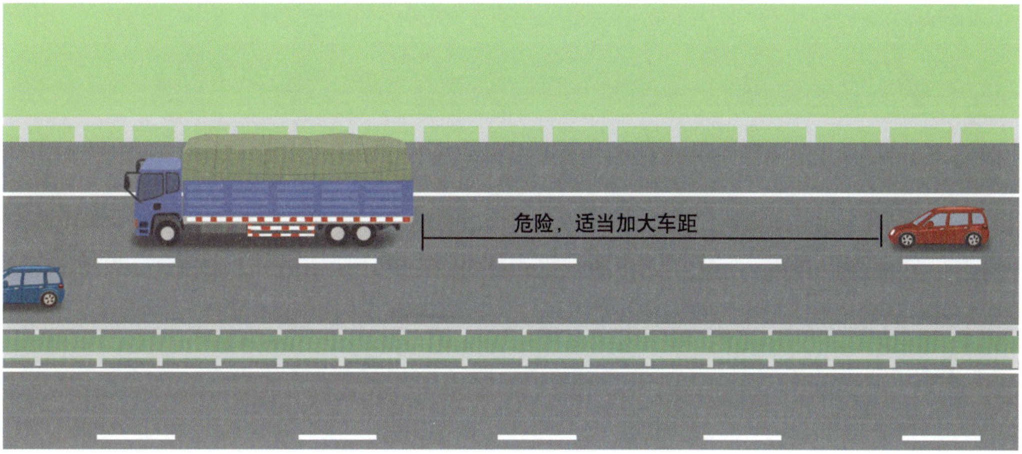

前车为大货车时加大车距

案例

2011 年 8 月 6 日 4 时 34 分，重型半挂牵引车（A 车），运载 32.2 吨货物（核载 22 吨），行至江西上饶市境内沪昆高速公路 500 公里加 932 米处，由于驾驶人驾驶与准驾车型不符机动车上路、未与前车保持安全车距、超载等行为，与另外一重型半挂牵引车（B 车）追尾碰撞后冲过中央隔离护栏进入对向车道并向右侧翻；对向驶来的小型普通客车与重型仓栅式货车，在避让过程中刮擦，并与 A 车碰撞；随后另一重型半挂牵引车（C 车）与 A 车再次碰撞，共造成 17 人死亡、2 人受伤。

3.1.4　变更车道

变更车道前，要注意观察道路上设置的标志标线或警示牌，按要求行驶。确定需要变道时，应提前减速并开启转向灯，确认安全后，再驶入指定的车道。

安全变更车道（超车）操作流程

（1）观察欲变车道一侧的后视镜，如后方车辆很多，或有车辆闪远光、鸣笛示警，应暂缓变道。

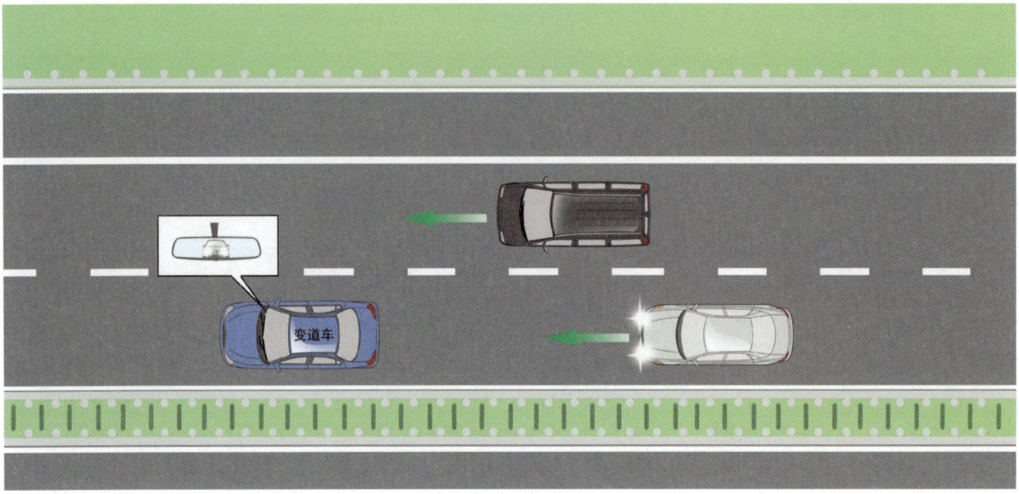

准备变道

（2）通过后视镜观察，欲变车道交通状况允许，距离欲变车道中后车距离安全时，马上打转向灯，提醒后面的车辆。若后车驾驶人用远光灯或鸣笛示意不要变道，这时应让对方先行。

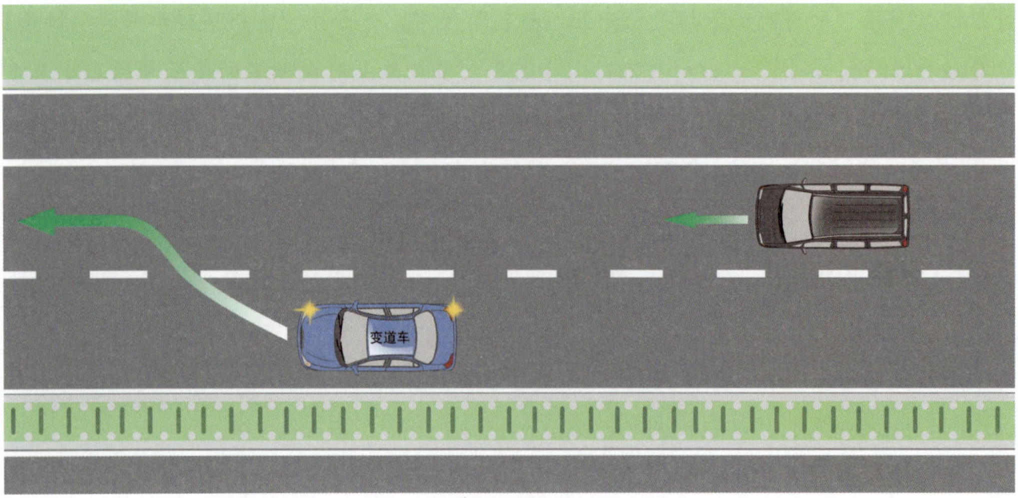

变道前打灯提醒后车

(3) 开启转向灯后一般应等待 3 秒，确认欲变车道上安全时，再轻打方向盘变道，以较小的角度切入，给后方驾驶人预留足够的反应时间。

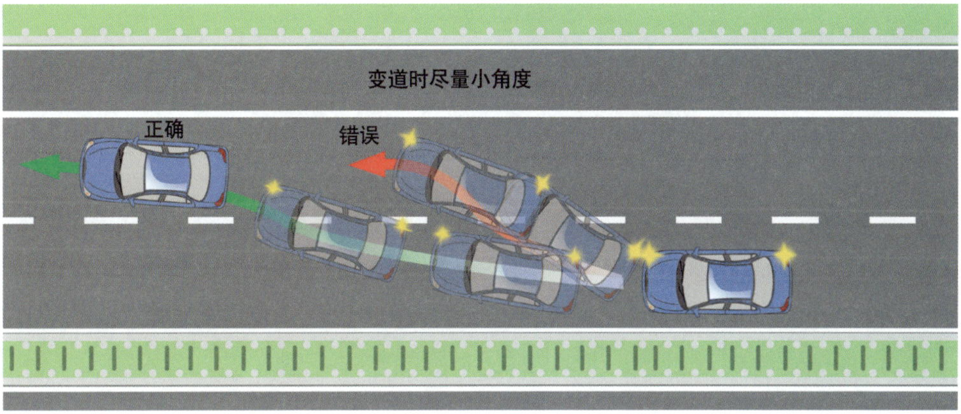

轻打方向盘变道

(4) 变道后，不可长期占用左侧行车道，超过足够距离后（建议至少 80 米以上），打开右转向灯，平稳转动方向盘，返回原行车道。

注意事项

(1) 不提前开启转向灯、不观察后视镜、不留安全距离直接变道，连续变道超车、S 形驾驶等，这些都会影响到其他车辆的正常通行，极易引发交通事故。

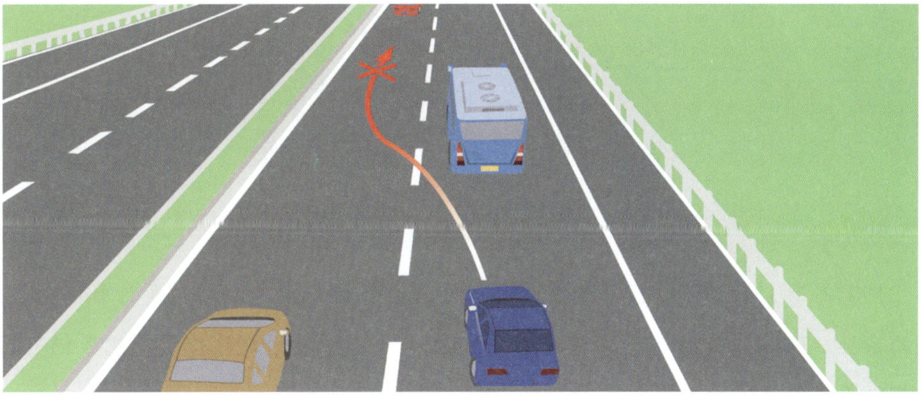

不打转向灯变道

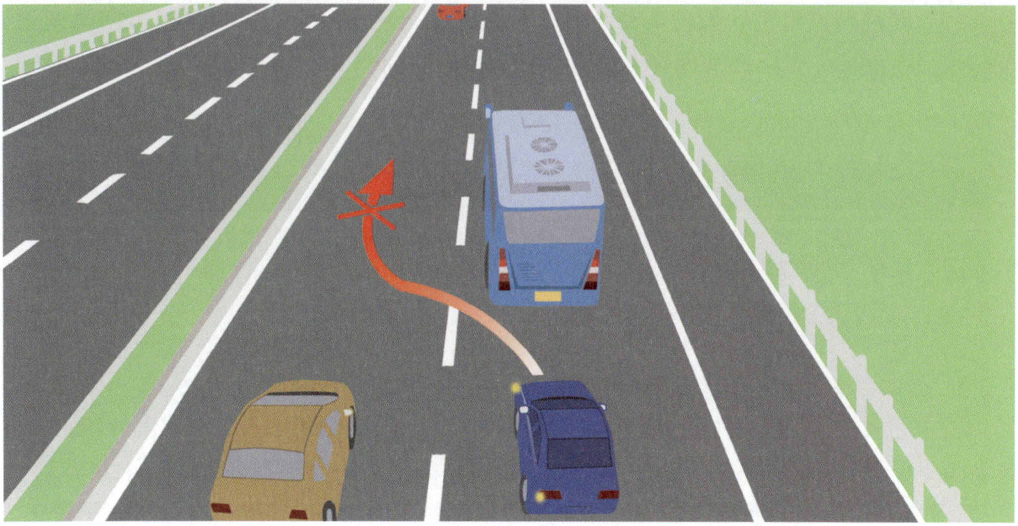

不留安全距离变道

S形驾驶变道

(2) 驾车时，应时刻关注后视镜，随时掌握自己车辆周边情况，同时警惕自己驾驶车辆的盲区，可通过加速等方式消除盲区。此外，还要避免自己处于其他车辆盲区内，特别是要避免长时间处于大货车的盲区内，切忌右侧超车。

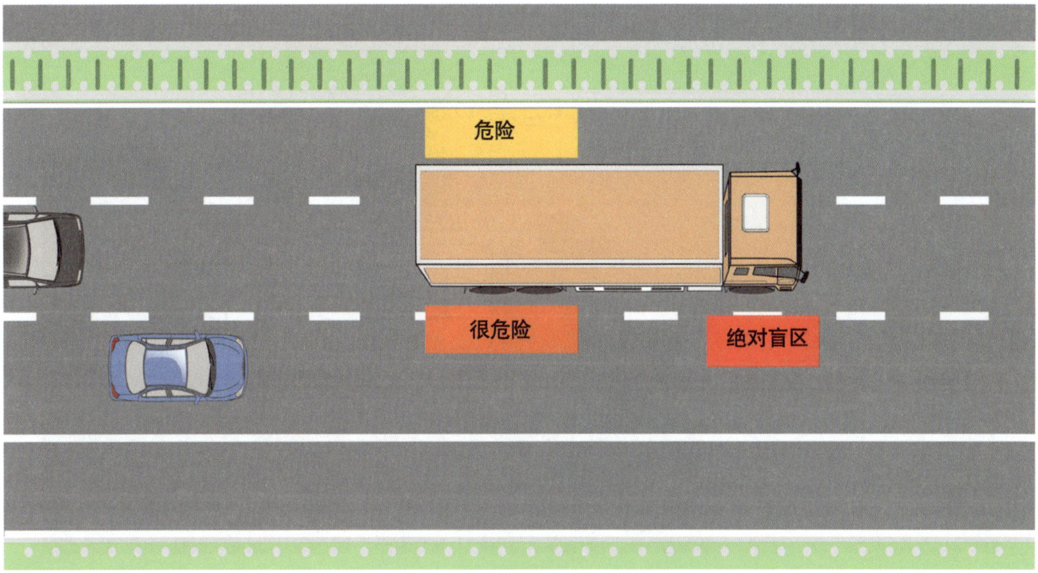

注意盲区

案例

2012 年 10 月 7 日 11 时 44 分，山东青银高速公路淄博段 228 公里加 530 米处，小型轿车驾驶人无证驾驶并从右侧违法超越大型客车（与准驾车型不符），两车发生刮擦，刮擦后大客车驶入对向车道与另一大型客车相撞，造成 14 人死亡、44 受伤。

3.1.5 紧急情况下确定所处位置

在高速公路上发生交通事故、车辆故障等紧急情况需要报警、救援时，驾驶人应明确表述自己所处的位置，以便能够得到及时救助。

一般，高速公路上位置的标准表述是：××× 高速 ××× 方向 ××× 公里加 ××× 米处。下面就详细解释如何确定高速公路名称、方向、公里数、百米值。

高速公路名称牌

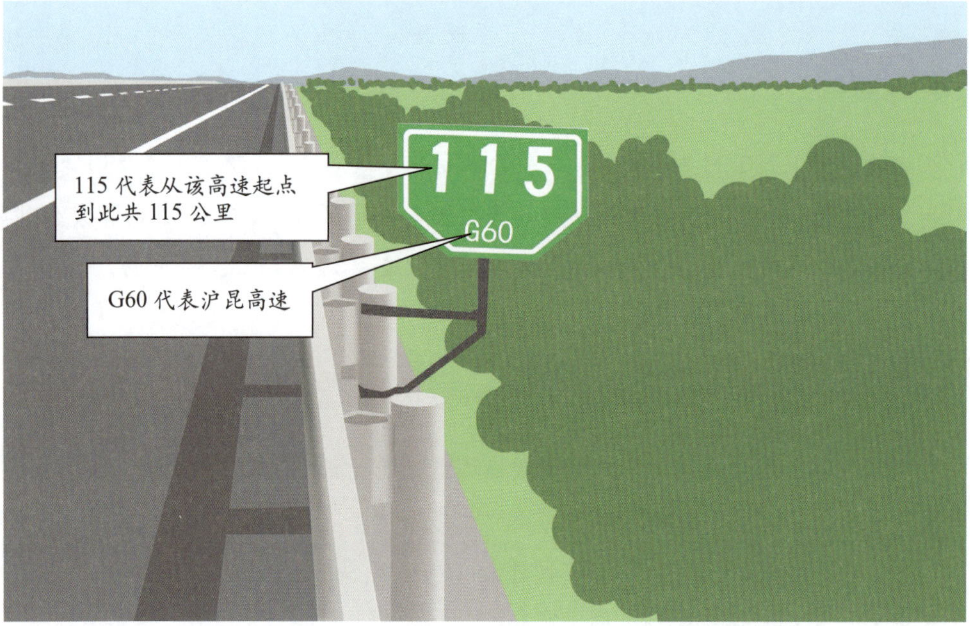

高速公路公里牌

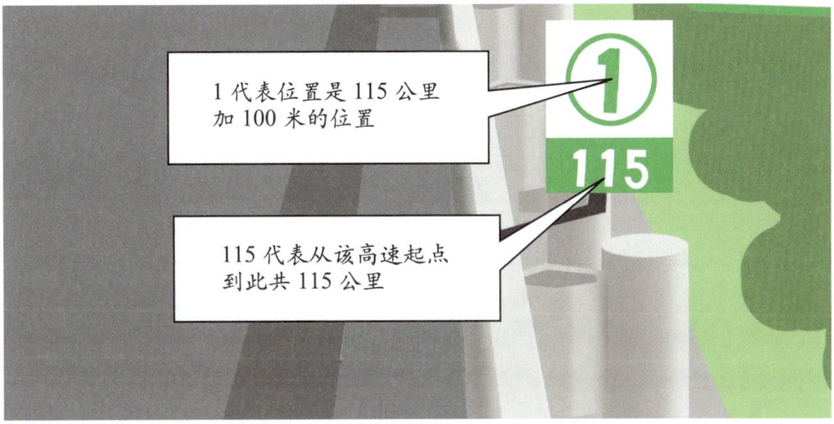

高速公路百米桩

高速公路护栏外侧每隔 100 米设有一个里程桩，根据里程桩的数值，结合高速公路的名称及方向就能具体定位。如上图里程桩表示 ：G60 沪昆高速上海方向 115 公里加 100 米处。

3.1.6 驶离高速公路

3.1.6.1 驶离高速公路的情况

情况一 ：进入服务区加油或休息

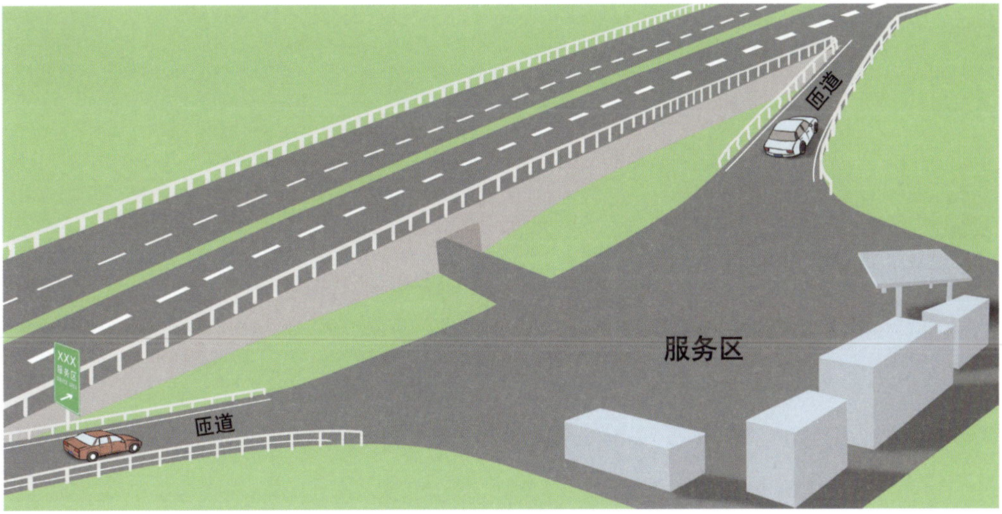

进入服务区暂时驶离

情况二：到达目的地，驶离高速公路

到达目的地驶向出口

驾驶人驾驶车辆驶离高速公路要先驶离行车道，经减速车道行驶后进入匝道，最后进入收费站缴费后驶离。

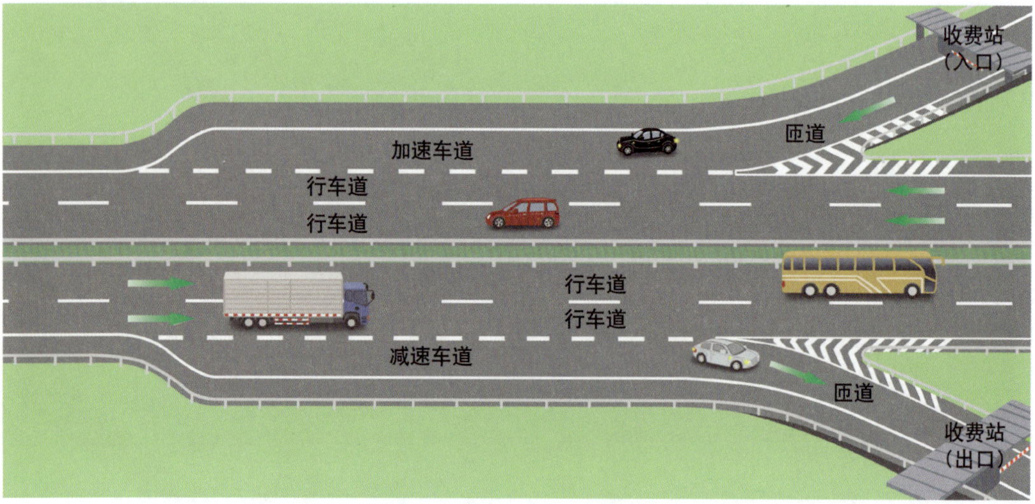

到达目的地驶离高速

3.1.6.2 由行车道驶入减速车道

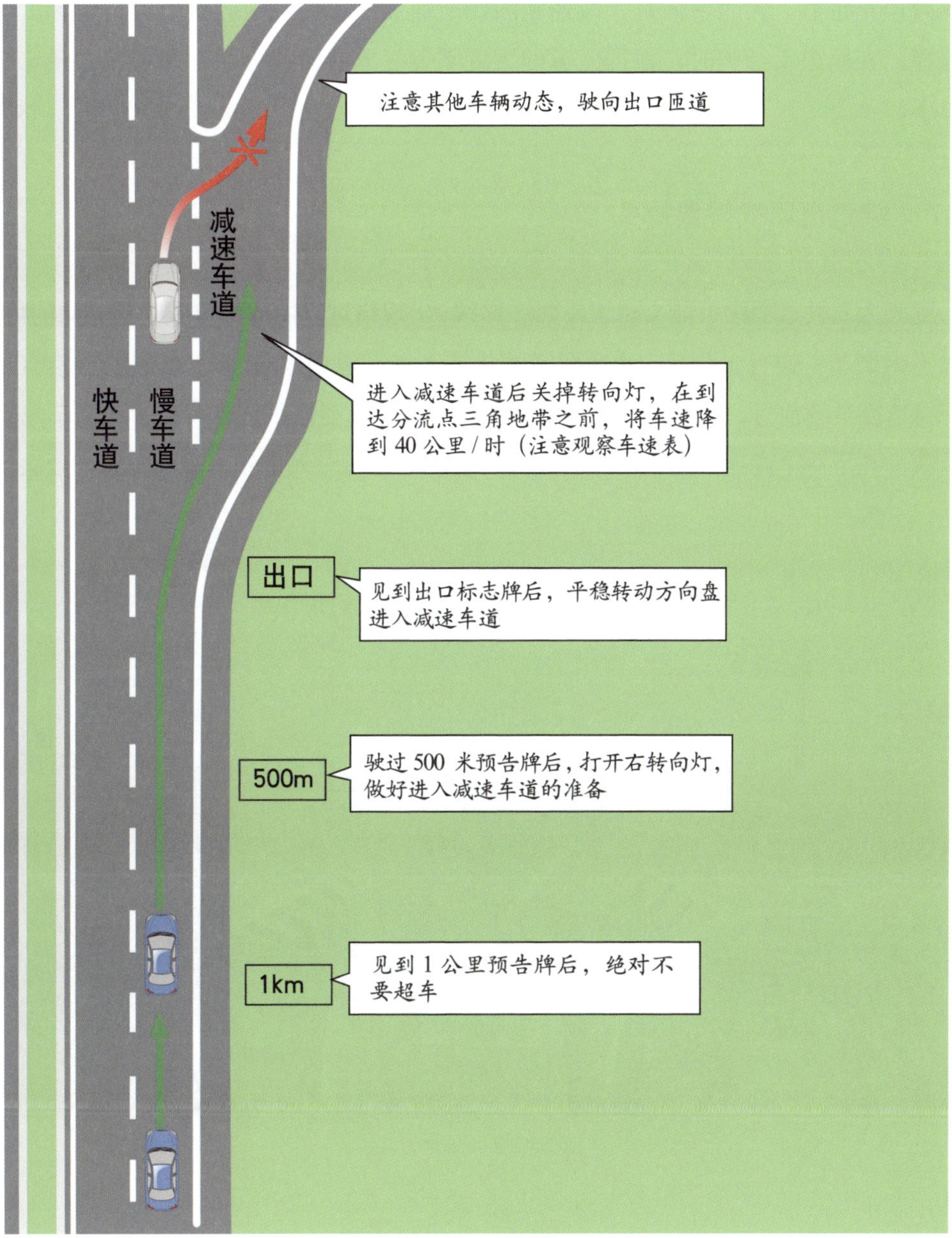

行车道驶入减速车道过程

驶离行车道时适当减速，打开右转向灯，提前驶离主干道，平稳驶入减速车道。驶入减速车道后，关闭转向灯，减速至限定时速以下，避免与收费口等候车辆发生追尾碰撞。在匝道上行驶时，根据匝道的弯度掌握好方向盘，并将车速控制在限定的时速以下。

3.1.7　驶过出口或需要掉头

驾驶人驾驶过程中可能会由于不熟悉路线，出现错过目的地出口或驶错方向的情况。此时不得倒车、逆行、穿越中央分隔带掉头或者在车道内停车。驾驶车辆错过出口后，应保持速度继续前行，并寻找下一个出口或服务区，不能慌张，更不能紧急刹车减速。

（1）在下一个高速公路出口缴费驶离，重新寻找反向入口驶入高速，返回要去的目的地。

收费站双向互通开口

（2）个别服务区中间会有一个连接通道，一般限高 2.5 米，小型车辆开车穿过连接通道进入对面服务区后，就可以驶出该服务区，进入对向车道。

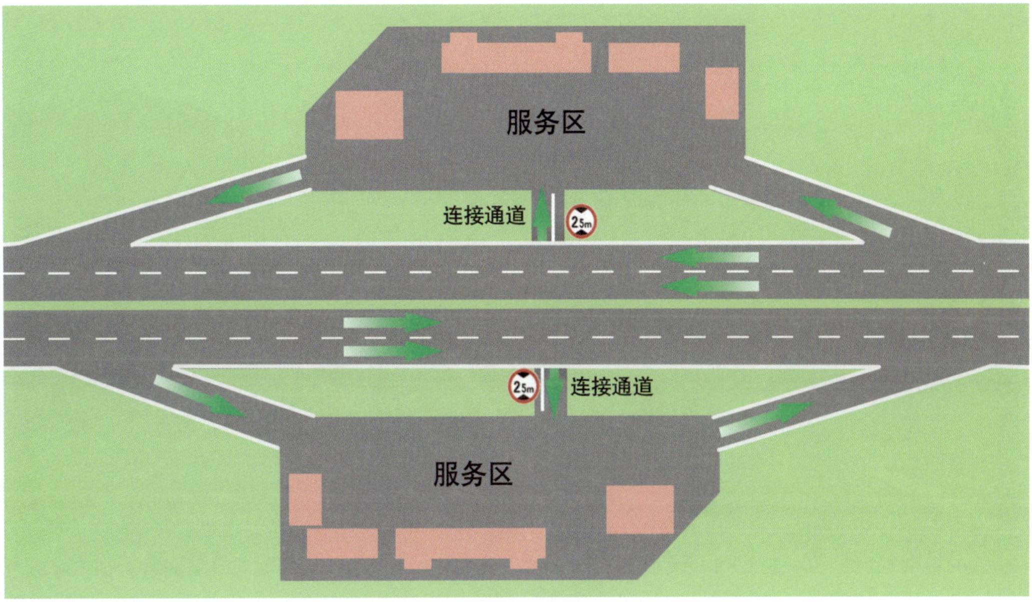

服务区的连接通道

3.2 道路篇

3.2.1 弯道行驶

弯道行车时，如果车速过快，在离心力作用下，车辆易发生侧滑，导致侧翻或冲出路面。驾驶人要注意观察弯道警示标志，提前减速，安全通过。常见的弯道情形有：向左转弯、向右转弯、上坡弯道、下坡弯道、连续弯道，有时还会遇到急弯陡坡的情况。弯道驾车时应注意以下事项。

左转弯道

连续弯道

（1）进入弯道前，应松油门，提前减速，并利用发动机转速牵制车辆平稳进入弯道，在进入弯道后，要控制好方向，方向盘不要打得过急，避免出现较大离心力。

（2）平坦地带的弯道，进弯时尽量要将车靠车道外侧行驶，以此来延缓转弯时的弯度，减小离心力。

（3）上坡弯道时，进入弯道前松油门，让车辆靠着车道外侧进入弯道，然后将挡位降低，接着修正方向。大型车辆车速会下降明显，在上坡弯道路段遇前方有大货车时，一定要提前减速与货车保持安全距离，防止发生追尾。

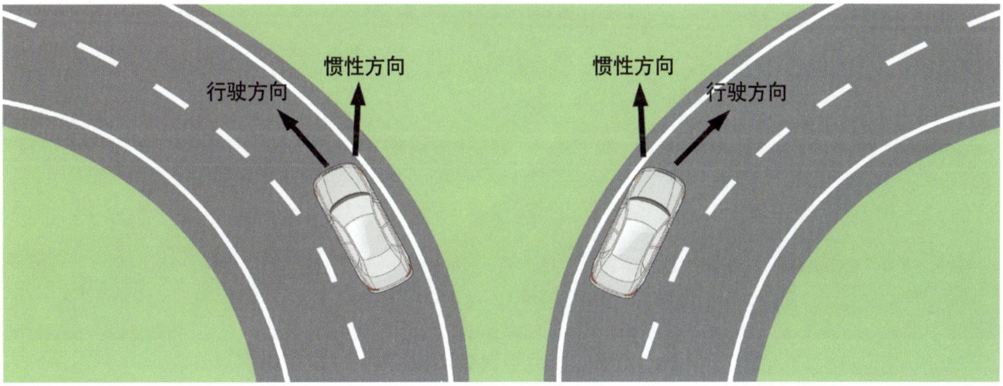

弯道惯性方向

上坡弯道注意前方货车

（4）下坡弯道时，进入弯道前松油门踩刹车，让车辆减速，并且将挡位降低，以较慢的车速靠着车道外侧进入弯道，接着修正方向。

（5）进入视距不良的弯道前，白天必鸣笛，晚上闪大灯。

视距不良弯道

3.2.2 坡道行驶

山区和丘陵地区，高速公路坡道较多。高速公路坡道是交通事故多发路段，驾驶人应高度重视，谨慎驾驶。

3.2.2.1 上坡坡道行驶

大型货车和大型客车在高速公路上坡行驶时，由于行驶阻力的作用，车速下降，如果长时间行驶在快速车道，将为后续车辆快速行驶造成障碍。因此，大型货车和大型客车在连续上坡路段要靠右行驶，严禁长期占用快速车道。小型车在上坡行驶前，驾驶人应注意观察前方车辆，避免与大型货车在同一车道上或并排行驶。

上坡坡道

3.2.2.2 下坡坡道行驶

一些山区路段，受地形限制，会存在十几公里甚至三十几公里的连续长下坡路段。车辆尤其是大型货车在长下坡路段频繁使用制动器减速，易造成制动器热失效，严重地影响行车安全，需高度重视。

（1）在下坡路段行驶，驾驶人应使用低速挡，利用发动机牵制作用、缓速器等共同控制车速，避免长时间踩踏制动踏板导致制动失效。

（2）驾驶人应控制车速，与前车保持安全车距，不要跟车太近，不要变更车道或超车，避免夹在大型货车中间行驶。

（3）一般在长下坡路段会设置紧急避险车道，车辆特别是大型货车在发生制动失灵时，应及时将车辆驶入避险车道，快速降低车速，防止发生车辆失控侧翻、追尾等事故。

下坡坡道小客车要避免夹在大型车辆中间行驶

长大下坡一般设置紧急避险车道

案例

2013年3月22日11时25分，福建夏蓉高速漳州段109公里加524米**长陡下坡**处，一辆重型半挂牵引车，运载34吨水泥（核载31吨），由于牵引车前轮制动器被人为解除，驾驶人在长大下坡路段挂最高挡前进下坡，持续制动，**导致制动失效、车辆失控**，先后与一小轿车、大型卧铺客车、重型自卸货车碰撞，造成 12 人死亡、34 人受伤。

3.2.3 隧道行驶

隧道在部分山区高速公路极为常见。车辆进出隧道的瞬间光线变化大，对驾驶人的视觉冲击大，需要驾驶人提高警惕，注意驾驶技巧与操作方法。

白天车辆刚刚驶入隧道或夜晚驶出有照明的隧道时，驾驶人突然由明处进入暗处，眼睛需要 8 到 10 秒的适应时间，即暗适应过程（也称为“黑洞效应”）。相反，白天车辆驶出隧道或晚上驶入有照明的隧道，由于光线由弱瞬间变强，驾驶人的眼睛出现眩光，该现象我们称之为“眩目效应”（也成为“白洞效应”）。由于驾驶人视力的下降，隧道口处往往事故多发。隧道安全驾驶应注意以下操作。

隧道黑洞效应

隧道白洞效应

3.2.3.1 驶入隧道前

车辆进入隧道前 150 米左右应当降低车速，拉开车距，同时开启近光灯，减速慢行进入隧道，具体可以按隧道前限速标志行驶。

进入隧道前按照限速减速慢行

3.2.3.2 隧道内行驶

保持安全行车距离。很多驾驶人进入隧道后，由于视线短暂致盲，会下意识踩一脚踏板制动，所以一般隧道内行车的距离要保持 100 米以上，如果隧道较长，则根据提示来保持对应的安全行车距离。

隧道内严禁变换车道。大、中型车辆进入隧道要提前变更到右侧车道，所有进入隧道的车辆要按照所在车道行驶，不能超车。

避免使用远光灯。由于隧道内外的光线差已经影响到驾驶人视觉，此时如再加上远光灯光线，更易出现眩目。

隧道内避免使用远光灯

隧道内不要鸣笛。由于隧道内拢音效果比较明显，鸣笛产生的噪声比在隧道外效果更明显，会对其他驾驶人造成不良影响。

隧道内发生故障或事故的处置。如车辆发生故障或发生交通事故时，应尽快将车辆移出隧道，防止车辆追尾。无法移出隧道的，应设法将车辆移至紧急停车带，立即开启危险报警闪光灯、示廓灯和后位灯，并在车后 150 米外设置三角警示牌。车上人员离隧道口近的，可从路边高出路面的路肩上撤出隧道外。距离较远的，要尽快撤离至隧道安全区内，并立即报警，长隧道内每隔 500 米设有紧急求救电话。

隧道内紧急求救电话

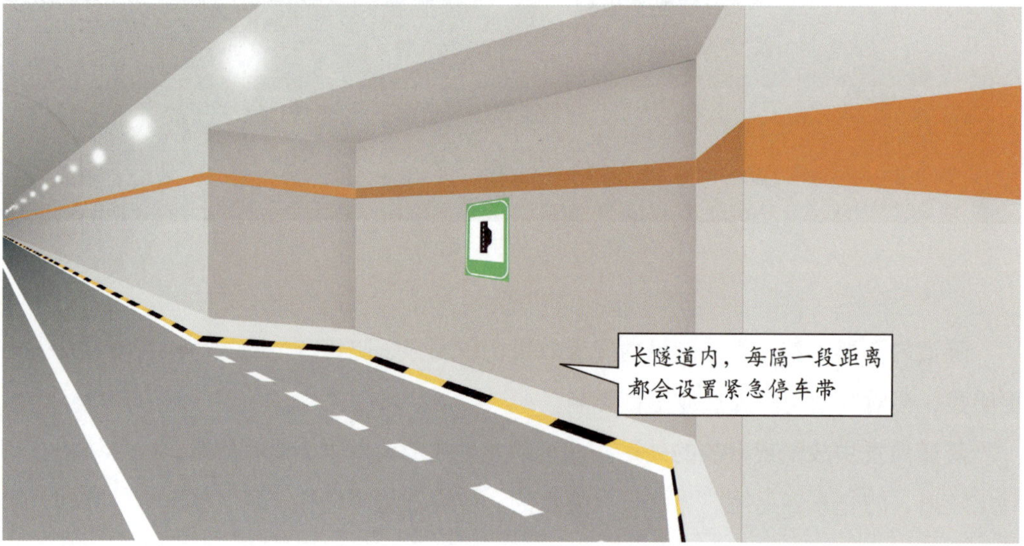

隧道内紧急停车带

隧道内发生火灾逃生。遇到火灾事故时，首先要做的就是迅速、有序地撤离火场，保护生命安全。切忌调转车头，逆向驶出隧道。如果是位置靠前的车辆，可以继续往前，驶离隧道。如果是位置靠后的车辆，驾驶人应该果断下车，弃车逃生。火灾逃生要注意以下事项：

（1）遇隧道火灾应及时撤离车辆，朝起火点烟雾流相反方向逃跑，切忌不要顺风逃跑，否则容易导致窒息；

（2）及时用水打湿毛巾和衣物，捂住口鼻，以此过滤毒烟；

（3）低身弯腰行走，烟雾往往伴随着高温往上部移动，下部毒烟相对较少；

（4）留意隧道内的提示标志，及时找到隧道内的逃生门由此逃生。

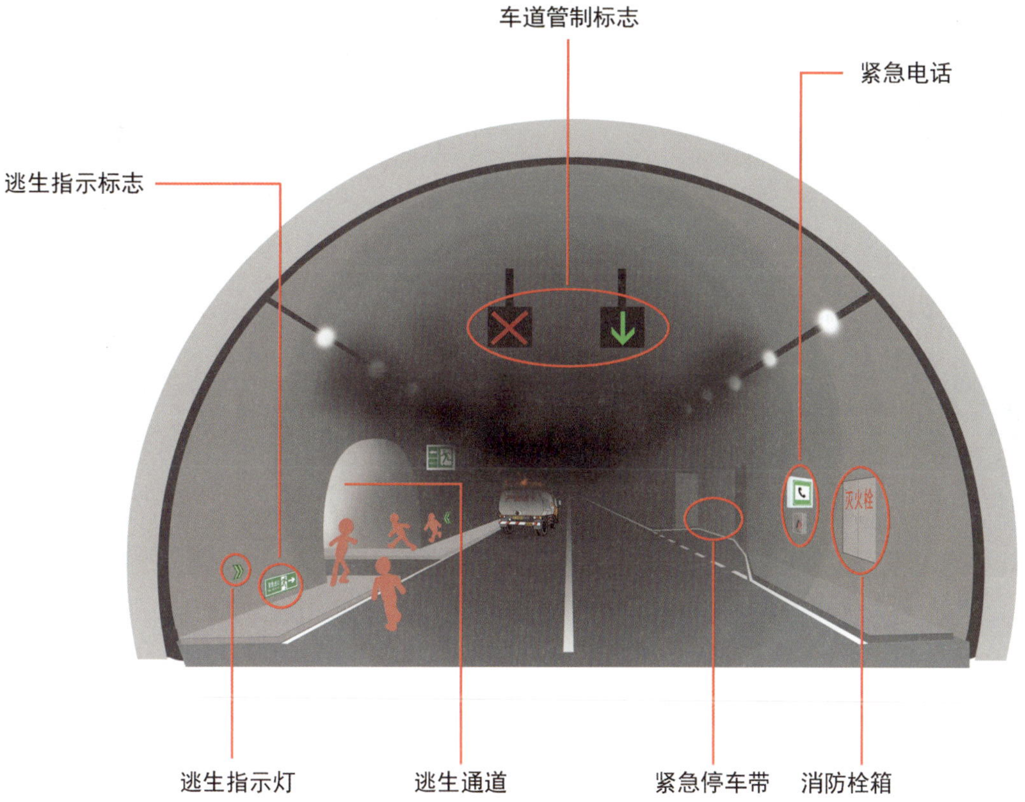

隧道内火灾逃生

3.2.3.3 驶离隧道

驶出隧道前，通过车速表确认并控制车速。

到达出口时要握稳方向盘，以防出口横风引起车辆偏离行驶路线；注意观察出口处的交通情况，及时鸣笛，引起他车注意。

当道路中心线由实线变成虚线时，不能急于变更车道，要通过后视镜观察后方来车，确保安全后方能变道。

不同季节，隧道外可能出现雨、雪、大雾、路面凝冻情况，路面状况复杂多变，应减慢车速，防止结冰、积水等引起车辆侧滑。

驶离隧道注意路面情况

3.2.4 长大桥梁行驶

长大桥梁一般指总长 1000 米或单跨 150 米以上的桥梁，其桥面容易产生团雾、结冰、横风等现象，交通事故多发。行经长大桥梁时应注意以下事项。

3.2.4.1 驶入长大桥梁

车辆在驶入长大桥梁前，驾驶人要仔细观察交通标志，部分桥梁有限载限高要求；大型货车通过桥梁时，切勿超重、超高、超宽、超长运载货物；所有车辆要遵循限速要求，通过时要保持安全车距。

驶入长大桥梁

3.2.4.2 通行长大桥梁

（1）警惕桥头“跳车”。高速公路长大桥梁两端与路面交界处，由于桥面和土基路面发生不均匀沉降，存在高度落差。当车辆快速通过时，可导致车身颠簸震动，严重时可能发生车辆失控。因此，行车经过桥头、桥尾时，要注意观察，减速通过。

（2）禁止停车逗留。如遇紧急情况，尽量将车停放在应急车道上，打开危险报警闪光灯并在来车方向 150 米外摆放三角警示牌，车上人员应就近走到桥梁两端安全位置，并及时拨打报警电话，车上人员切勿在桥面逗留。

（3）切勿在长大桥梁上随意变更车道或超车。驶入桥梁前，提前更换车道，与前车保持安全车距。

（4）正确应对团雾。如遇团雾，应冷静果断处理，提前降低车速，加大与前车安全距离，开启危险报警闪光灯、雾灯，切记不能急减速、停车或加速通过。行车要尽可能靠路中间行驶，不要沿着路边行车，以防碰撞路侧护栏或路边紧急停靠的车辆。

团雾

（5）注意横风。部分跨越峡谷地带的长大桥梁，桥面易形成侧向横风，影响车辆正常行驶。面包车、大型客车、帆布篷货车等重心较高的车辆和自重较轻的小型车易受横风影响。在行驶中车辆“发飘”时，应握紧方向盘，缓慢减速，逐渐通过或靠边停车，切忌猛打方向或猛踩刹车。

横风

（6）长大桥梁应急。如车辆发生故障，尽量将车移动至右侧应急车道内，车内所有人员应及时下车，快速撤离到安全地带，并在桥头来车方向摆放警示标志，立即报警等待救援。

3.2.4.3 驶出长大桥梁

驶出长大桥梁时，不要匆忙提速，避免与前车发生追尾。

注意事项

（1）切忌在高速公路桥梁上停车观光、拍照；

（2）冬季桥梁易结冰，一定要按照限速规定行驶，并尽量沿着前车的车辙行驶，不要轻易尝试被冰雪覆盖、路况不明的路段。

桥面结冰

案例

2014 年 2 月 5 日 23 时 50 分许，杭瑞高速贵州铜仁松桃县境内保云大桥，小型客车与前方因事故停驶的小型越野客车相撞，导致 3 人死亡、2 人受伤。事故中，小型客车未确保安全距离、降低速度；小型越野客车未能及时在来车方向设置警告标志，在转移车上人员时未注意观察后方来车。

3.2.5 临水临崖路段行驶

车辆在临水临崖路段行驶时，一旦发生车辆冲出高速公路路面的情况，往往会加重道路交通事故损害后果。所以驾驶人在高速公路临水临崖危险路段行驶，要规范操作、安全行车。

（1）经过临水临崖路段时应提前减速，注意观察路面环境，对前方路况进行预判，同时通过后视镜观察后方来车情况，在不影响其他车辆安全行驶时应靠左侧行车道行驶，与路侧保持必要安全距离。

临水临崖路段

（2）避免注视崖下深涧或者水面，以免分散精力，甚至产生恐惧、紧张心理。

（3）临崖路段遇到视距不良的弯道时，要白天鸣笛，晚上闪大灯后再进入弯道转弯。

（4）临水临崖路段可能有塌方、泥石流、漫水等发生，要仔细观察，提高警惕。若前方路面有落石、泥块或土堆，要选择安全地带停车，查明原因确认安全后再通过。确认可以安全通过时，要一次性通过，行进中如遇突然坍塌，应视情况继续前进。

注意观察路面情况

若前方涉水，在确认水深可以通过时，应用低速挡，平稳驶入水中，并缓慢前进。尽量避免中途换挡、减速、急转向等操作。

涉水路段

3.2.6 服务区路段行驶

服务区路段设有出入口、加减速车道、匝道、导流带等，该路段的车流交织频繁，行车环境较为复杂。

3.2.6.1 途经但不进入服务区的车辆

（1）注意路面情况。通常服务区路段行人横穿高速公路情况较为多发。

（2）尽量靠左侧行驶。在遵守分道行驶规定的前提下，把右边车道留给进出服务区车辆，并且要减速行驶。

（3）保持安全车距。注意观察，及时发现驶出、驶入高速公路的车辆并采取相应措施。

途经但不进入服务区车辆

3.2.6.2 进出服务区的车辆

进出服务区休息停车的车辆，驾驶人要严格按照进入高速公路与驶离高速公路的要求及注意事项操作，确保安全进出服务区。

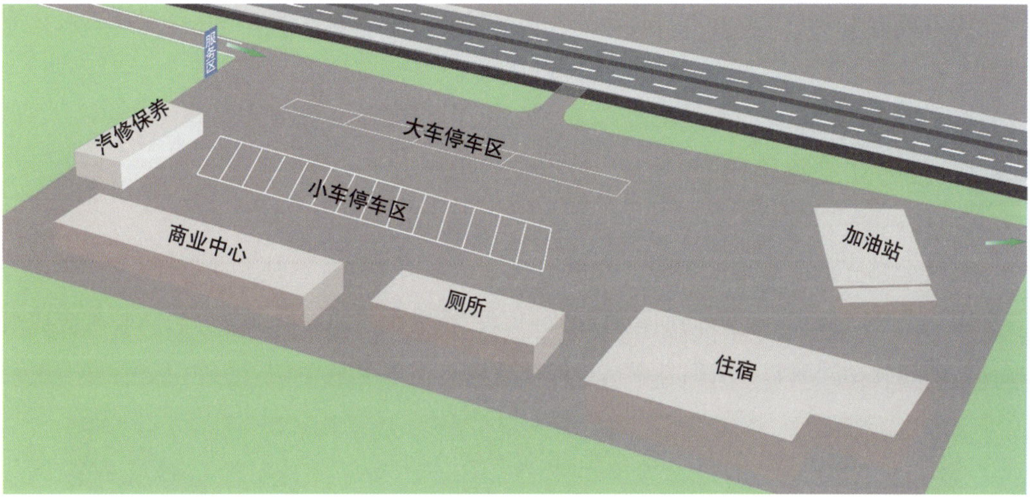

服务区功能布局

服务区一般会按照车型划分大车停车场、小车停车场，并布设不同车型的加油站，所以驾驶人应按照所驾车型，根据服务区的具体指引来停靠休息、加油等。

服务区内不同车型分类停车

服务区内车辆停靠后，人员往往下车走动休息，进入服务区内的车辆要注意避免冲撞行人。

3.2.7 互通立交路段行驶

高速公路互通立交形式多样，交通组织方式复杂多变，驾驶人在行经立交路段时，常常因无法及时分辨行进方向而错过出入口。在行驶至互通立交路段时，驾驶人应适当减速，通过指示牌或者导航信息确认目的地方向。

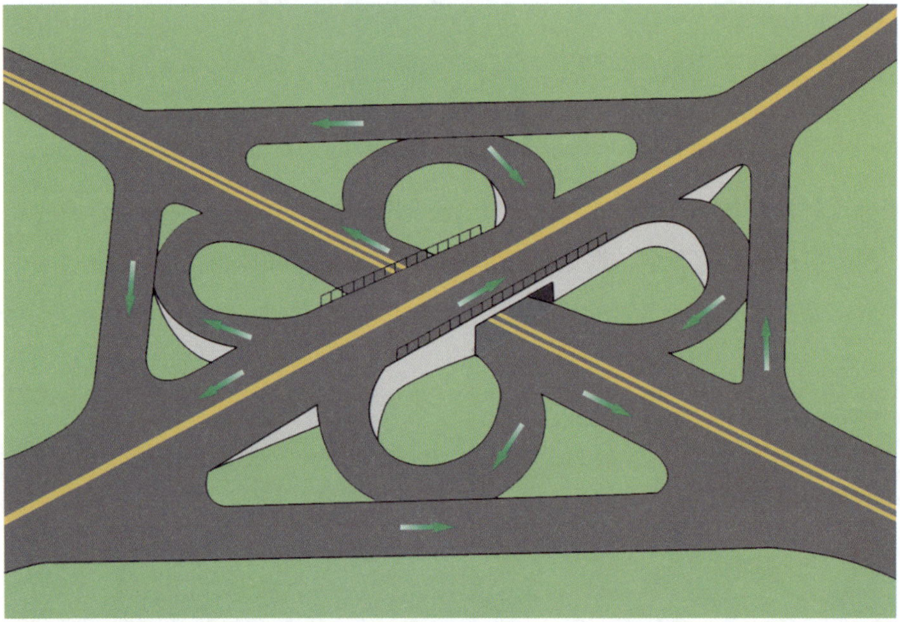

互通立交

(1) 通过互通立交转向的车辆。要通过互通立交转向的车辆，应靠右侧车道行驶，随后根据指示标志进入相应匝道，完成方向转换。

互通立交实现方向转换

（2）不转换方向的车辆。如果车辆不转换方向，应按原行驶方向从桥下或桥上通过，尽量走左侧车道，避免与转向车辆发生交织。

3.3 应急篇

3.3.1 应急停车与处置

当车辆突发爆胎、起火、挡位故障、油门故障等情况，无法继续正常行驶的；或者驾驶人突发心脏病、脑溢血等疾病的，应立即将车停在收费站、服务区、紧急停车带等不影响交通的地方。如事发不在上述地点附近的，把车驶入应急车道，无应急车道的，把车驶入最右侧车道或路肩。无法移动车辆的，原地立即做好警示措施，并报警求援。

爆胎

故障

起火

突发疾病

典型应急情况

正确应急停车

(1) 遭遇突发情况后第一时间开启危险报警闪光灯，夜间需持续开启示廓灯和后尾灯。

(2) 将车驶入应急车道后熄火、拉紧驻车制动器，车辆无法移动的就地熄火、拉紧驻车制动器。

(3) 停车后立即下车取出三角警示牌沿路边缘行至车后方（白天 150 米以外，夜间 250 米以外）处，在确保安全的情况下将三角警示牌放置在车辆所占车道内。弯道要将三角警示牌设置在入弯前，坡道要设置在坡顶处。

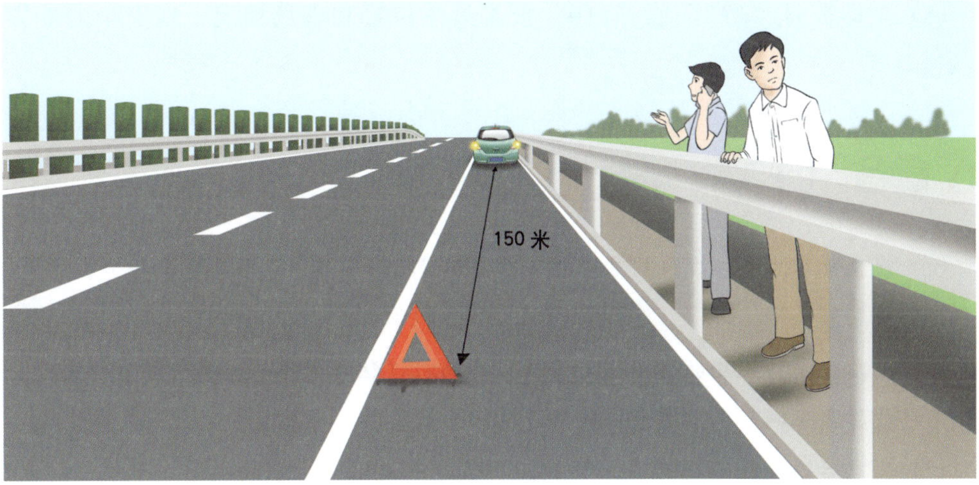

应急停车正确操作

（4）车上人员转移至车头前进方向 100 米外的应急车道内，有条件的转移至路边护栏外更安全的地方，隧道内的将人员转移到逃生通道处，严禁人员在行车道上逗留。

隧道内人员转移

（5）立即拨打“122”或“110”报告具体位置和现场情况，在安全的地方等候救援。

注意事项

（1）应急停车后必须立即报警求援，不得自行检修车辆，除非车辆已经停在收费站、服务区、紧急停车带。

（2）三角警示牌不要放在车道的中间，容易被过往车辆碾压，失去警示作用，应把警告标志放置在车辆所占车道内靠路外边缘线一侧。

（3）应急车道是生命通道，只有在紧急情况或发生交通事故的前提下才可以使用。交通堵塞、上下乘客、停车交换司机、下车遛狗、小便等都属于非紧急情况。

以上非紧急情况不能使用应急车道

（4）在遇前方发生交通事故或交通拥堵需要停车的，应提前减速，开启危险报警闪光灯，夜间需持续开启示廓灯和后尾灯，与前车保持相对较远的距离停在所处车道内，不可停在应急车道内。观察前方交通情况，如短时间无法通行，车上人员应立即离开车辆转移到应急车道外、路侧护栏外或更安全地带，防止后方车辆追尾造成人员伤亡。

(5) 大型车辆遇事故等情况需要停车的，除需按上述要求停车外，不能停在最左侧车道，否则发生事故要承担事故责任。

案例

2009 年 9 月 19 日，江西大广高速公路江西遂川段 2967 公里加 24 米处，重型半挂牵引车运载 37.7 吨（核载 25 吨），超载并在长下坡路段制动失效，追尾在应急车道内行驶的重型自卸货车（装载 3.17 立方米黄土并在驾驶室乘载 3 人，货箱违法乘载 24 人），重型自卸货车冲出高速，坠入山坡，同时重型半挂牵引车与行车道内排队等候通过前方事故路段的车辆发生连环相撞，共造成 16 人死亡、13 人受伤。

3.3.2 车辆故障

3.3.2.1 转向失控的应急处置

(1) 当转向系统的传动机构，如转向轴、万向节、摇臂、拉杆、球头销等，松脱、折断，会立即导致转向失控。此时应第一时间开启危险报警闪光灯、右转向灯，并视情况进行不同操作将车辆停下。

车辆转向失控

（2）如果突然发现方向盘变沉，说明车辆助力转向系统出现故障，应立即松开油门，降低车速，用力操作方向盘并将车停到合适地点。

（3）车辆直行状态下：驾驶人要马上通过松开油门、抢进低速挡、轻拉手刹、轻踩制动踏板的方式把车速缓慢减低并将车停下。

（4）车辆不能保持直行状态下：驾驶人应连续不断踩放制动踏板，尽量在避免车辆侧翻的前提下把车速降低，在碰撞前提醒车上人员抓牢车内固定物部件，尽量把身体固定好，颈部处于紧张状态，减少碰撞损伤。

3.3.2.2 制动失灵的应急处置

车辆（尤其是大型货车）行驶在长下坡连续长时间使用制动情况下，制动系统出现问题，制动踏板的推杆脱落或折断都可能会导致制动刹车失灵。

（1）驾驶人发现车辆制动失灵时要迅速开启危险报警闪光灯、右转向灯，并视情况进行不同操作将车辆安全停下。

（2）若车辆处于上坡或平坦路面的状态：则控制好方向，用松开油门和抢进低速挡的方式逐渐减速，待车辆减至低速时使用手刹将车辆停下。

（3）若车辆处于下坡状态：不建议使用抢进低速挡的方式减速，应控制好方向，用松开油门和拉起手刹的方式尽量减速，此时路边若设置有紧急避险车道，则应将车辆驶入紧急避险车道。

利用紧急避险车道

（4）若没有紧急避险车道，小汽车驾驶人则应马上利用车身碰剐护栏或路缘石，大型车辆驾驶人利用碾压路边排水渠或草地使轮胎下陷等物理减速的方式停车。

利用路边草地或排水渠停车

（5）车辆下坡时车辆制动失灵的，处置时间越早成功率越高，切不可抱有侥幸心理试图使用连续避让的方式拖到上坡路段或平路时再处置。

3.3.2.3 爆胎的应急处置

超载、夏季高温车胎气压过大、轮胎被尖锐物刺扎或磨损严重都可能会导致车辆爆胎。爆胎导致车辆行驶方向失控、操控难度加大。前轮爆胎较后轮爆胎危险性更大。爆胎后驾驶人的第一反应往往是尽快补救，但不管是前轮爆胎还是后轮爆胎，千万不能急打方向盘或急踩刹车，否则会导致车辆侧翻。驾驶人要分情况正确操作控制车辆：

大货车爆胎

（1）遇后轮爆胎，注意控制好方向缓慢踩下制动踏板减速，观察后视镜，在确定后方无车辆或车距足够情况下，开启右转向灯，轻打方向盘向右侧并线，在应急车道停车。

（2）遇前轮爆胎，应做好两件事，一是双手用力控制好方向，尽量保持车辆直行，二是不可紧急制动，应断续制动，降低车速，观察后视镜，在确定后方无车辆或车距足够情况下，开启右转向灯，轻打方向盘向右侧并线，在应急车道停车。

前轮爆胎处置

(3) 停车后，打开危险报警闪光灯，在车后放置三角警示牌（白天距离车辆 150 米，夜间 250 米以外），车上人员迅速撤离到高速公路护栏以外安全地带，防止二次事故。

3.3.2.4 车辆起火的应急处置

汽车电线短路、车上零部件摩擦产生火花、化学危险货物自燃、车辆相撞导致油液外泄被引燃等都可能引起汽车起火。

车辆相撞起火

(1) 车辆自燃或车上危险货物自燃引发起火

车辆在起火前均会冒出浓烟，此时应视情况将车驶入应急车道内，若车正在隧道内行驶应加速将车驶出隧道外，把车辆熄火，拉紧驻车制动器，打开车门让乘车人员立即下车。下车后立即使用车载灭火器对起火部位进行灭火，查找起火点时，应将灭火器准备好后再打开引擎盖，无灭火器的使用湿润的毛巾对起火部位进行覆盖。

车辆自燃起火处置

若无法扑灭明火，则立即远离起火车辆，在起火车辆来车方向（白天距离车辆150米，夜间250米以外）放置警告标志，并立即拨打“119”、“122”、“110”报警，切不可冒险返回车上抢救财物。

（2）车辆相撞引发的起火

汽车相撞发生火灾时，车上人员如有意识、能行动，并且车门还能打开，要赶紧下车，其他人也要尽快帮助其离开车辆。如果车门无法打开，用尖利物品（如逃生锤）砸侧窗玻璃，一旦出现裂纹，可用脚猛踹逃生。人员撤离转移后，视火势情况开展自行扑救或报警求助等措施。

车辆相撞起火处置

案例

2011 年 7 月 22 日凌晨 3 时 43 分，河南京珠高速公路信阳市境内 938 公里加 115 米处，因车厢内违法装载的易燃危险货物突然发生爆燃，**客车起火燃烧**，造成 41 人死亡，6 人受伤。

3.3.3 交通事故

3.3.3.1 发生无人员伤亡且车辆可以移动的交通事故

发生无人员伤亡的轻微事故，驾驶人可通过快处快赔方式处理。快处快赔有三种模式。

(1) 交通事故互联网在线快处快赔。发生轻微道路交通事故后，当事人可以拍照后快速撤除现场，通过手机上安装的移动终端 APP 或者电子公众平台上传事故信息，在线自行协商处理；自行协商不成的，还可以申请公安交管部门在线定责，具备条件的，可以在线定损、在线理赔。

（2）交通事故保险理赔服务中心快处快赔。由保险公司、公安交通管理部门派驻人员集中办公，受理事故理赔申请，办理车辆定损，出具道路交通事故认定书，并进行损害赔偿调解。

（3）交通事故协理员指导快处快赔。由交通事故协理员第一时间到达现场，现场协助指导当事人“线上”或者“线下”协商处理。

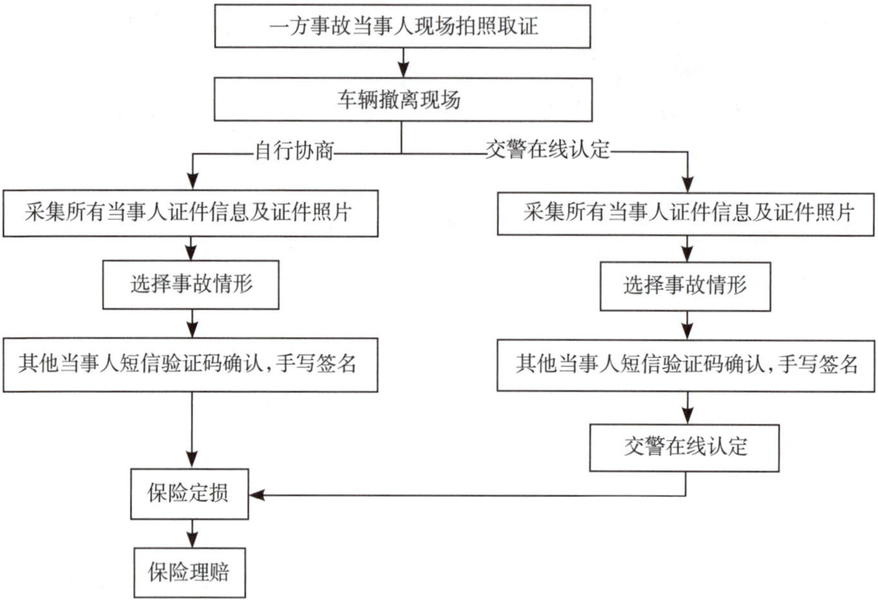

互联网在线快处快赔具体流程图

快处快赔的适用范围

机动车与机动车发生仅造成车辆损失的道路交通事故，各方均投保机动车交通事故责任强制保险，且当事人能够自行移动车辆的，适用快处快赔。各级公安机关交通管理部门和保险监管部门可以结合实际，规定互联网在线快速处理道路交通事故的具体适用范围。有下列情形之一的，不适合快处快赔，当事人应当保护现场并立即报警。

（1）机动车无号牌、无检验合格标志、无保险标志的；

（2）机动车载运爆炸物品、易燃易爆化学物品以及毒害性、放射性、腐蚀性、传染病病原体等危险物品的；

（3）机动车碰撞建筑物、公共设施或者其他设施的；

（4）驾驶人无有效机动车驾驶证的；

（5）驾驶人有饮酒、服用国家管制的精神药品或者麻醉药品嫌疑的；

（6）驾驶人从事校车业务或者旅客运输，有严重超过额定乘员载客，或者严重超过规定时速行驶嫌疑的；

（7）当事人不能自行移动车辆的；

（8）驾驶人有故意行为的；

（9）驾驶人逃逸或者离开事故现场的；

（10）当事人故意破坏、伪造现场、毁灭证据的；

（11）驾驶人涉嫌利用机动车从事违法犯罪行为的；

（12）事故现场不具备拍摄条件的；

（13）依照有关规定应当保护现场并报警的其他情形；

（14）一年内采用互联网在线快处快赔模式处理道路交通事故 3 起及以上，或者一年内特定车辆间发生道路交通事故 3 次及以上的。

其中，具有第一项至第三项情形之一，车辆可以自行移动的，当事人可以在报警后，在确保安全的原则下对现场拍照或者标划停车位置，将车辆移至不妨碍交通的地点等候处理。

现场拍照的要求

在机动车行驶方向前方、后方，以及碰撞部位至少各拍摄一张事故现场照片，但照片总数不超过 6 张。照片应当能够清晰辨别机动车号牌号码、道路标志标线。

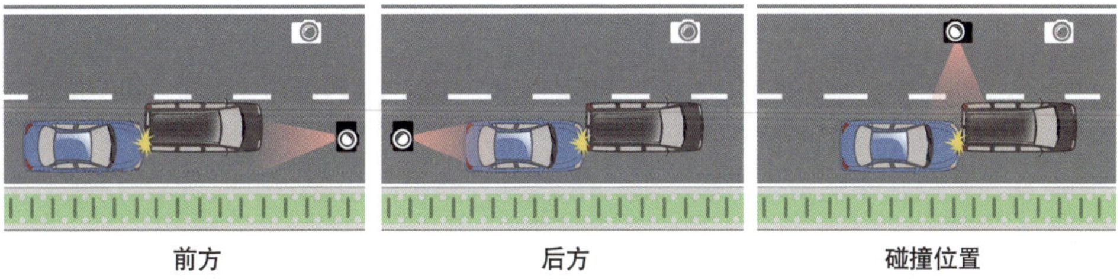

快处快赔拍照部位

拍摄完立即将车辆往前开出 100 米后驶入应急车道并持续开启危险报警闪光灯，开启示廓灯和后位灯同时在应急车道内来车方向（白天距离车辆 150 米，夜间 250 米以外）放置警告标志。若在隧道内发生事故则开出隧道外或驶入应急车道停好。

3.3.3.2 发生有人员伤亡或车辆不能移动的事故

（1）打开危险报警闪光灯，夜间同时开启示廓灯和后位灯，并在后方摆放三角警示牌（白天 150 米以外，夜间 250 米以外）。

（2）将车上人员转移到事故现场前进方向 100 米外的应急车道上，有条件的转移到护栏外更安全的地带。

（3）在安全的地方拨打报警电话报案。

报警联系方式：

- 如果发生火情，驾驶人应先拨打“119”报告火警。
- 拨打“122”交通事故报警或“110”报警电话。“122”或“110”都会转接到高速公路交警部门。
- 若有人员伤亡，还应该拨打“120”医疗急救电话。

报警应包含内容：事故地点定位、伤亡情况、车辆信息、驾驶人信息等。

事故报警表述模板

我是××，我的电话是××，××时××分，我在××高速××公里加××米处，从××往××走的方向上发生了一起事故，有××人伤亡，我的车牌号码是××，对方车牌号码是××。是否涉及危险货物运输车辆，能否自行移动车辆，是否需要救护车或消防车。（所处高速具体位置确定已在第 3 章“3.1.5 紧急情况下确定所处位置”中详述）

（4）创伤自救

如有伤员被压在车辆或者货物下面，不应强拉，要设法抬起车辆或货物，再救出伤员。

- 止血

伤口渗血时，用较伤口稍大的消毒纱布覆盖伤口，然后进行包扎，若包扎后仍有较多渗血，可再加绷带适当加压止血。

伤口出血呈喷射状或鲜红血液涌出时，立即用清洁手指压迫出血点上方（近心端），使血流中断，将出血肢体抬高或者举高，以减少出血量。

用止血带或弹性较好的布带止血时，应先用柔软布片或伤员的衣袖等数层垫在止血带下面，再扎紧止血带以恰使肢端动脉搏动消失为度。上肢每 60 分钟、下肢每 80 分钟放松一次，每次放松 1 ~ 2 分钟开始扎紧，扎紧时间不宜超过 4 小时。不要在上臂中三分之一处和腋窝下使用止血带，以免损伤神经。若放松时观察已无大出血可暂停使用。

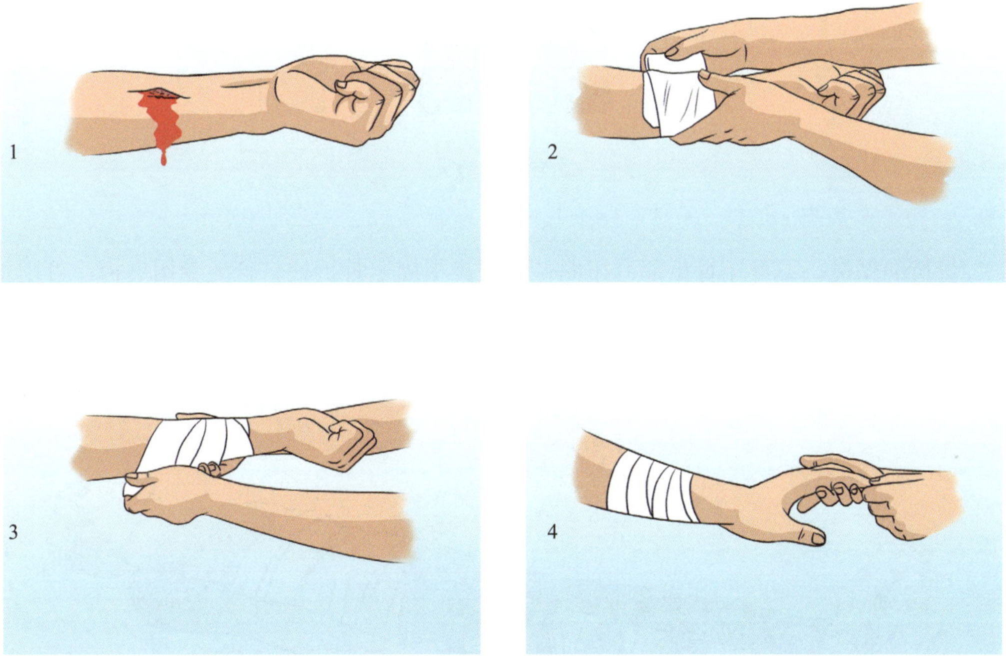

正确使用止血带

● 搬运伤员

先询问伤情，伤势不明时不得在医护人员不在场的情况下随意搬动伤员，以免造成二次伤害（除车辆起火等紧急情况必须搬移的外）。

正确搬运伤员

骨折的伤员，不可让骨折部位扭曲，要用夹板固定骨折处，若无专用夹板，可用木板、较厚的硬纸板代替。搬运时，应使伤员平躺在担架上，腰部束在担架上，防止跌下。

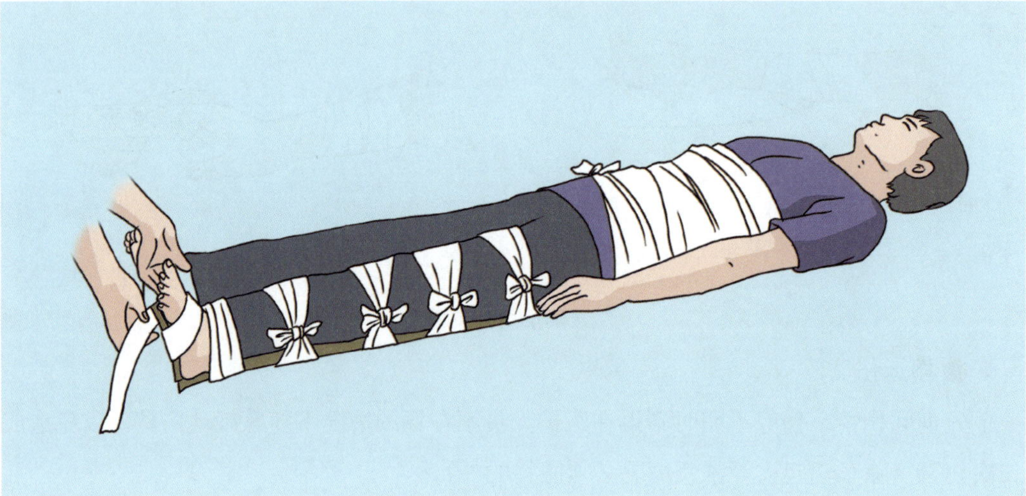

大腿骨折搬运方法

● 若心跳、呼吸骤停则要急救

可采用胸外按压或人工呼吸的方法来恢复其心跳和呼吸。胸外按压时要让伤员平躺仰卧，施救者以适当力度用拳叩击伤员心前区 5 ~ 6 次，一手掌根部按压胸部胸骨与剑突之间部位，另一手掌放在此手背上，按压力度使胸部下陷 3 ~ 4 厘米，按压频率为成人每分钟 80 ~ 100 次，儿童每分钟 100 次，婴儿每分钟 120 次。

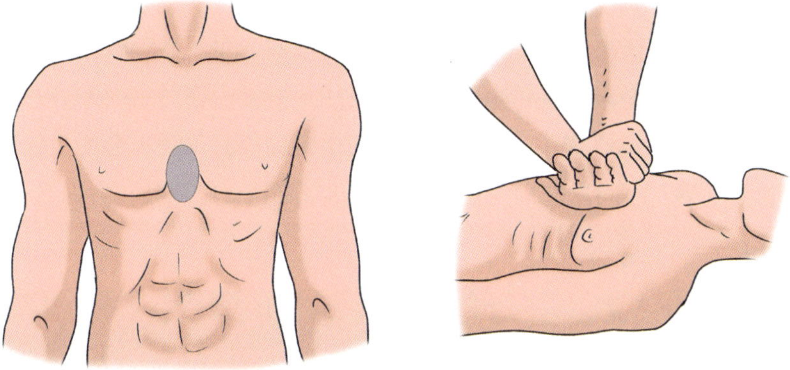

胸外按压方法

人工呼吸要与胸外按压交替进行，每进行 4 次胸外按压就要进行 2 次人工呼吸，直至伤者恢复自行呼吸。人工呼吸时，让伤者仰卧，施救者一手捏闭伤者的鼻子，另一手掰开伤者的下颌，深吸一口气，用口对准伤者的口吹入，使伤者胸腔隆起，松开嘴唇与鼻孔，让其将吹入的气体从鼻孔被动排出。

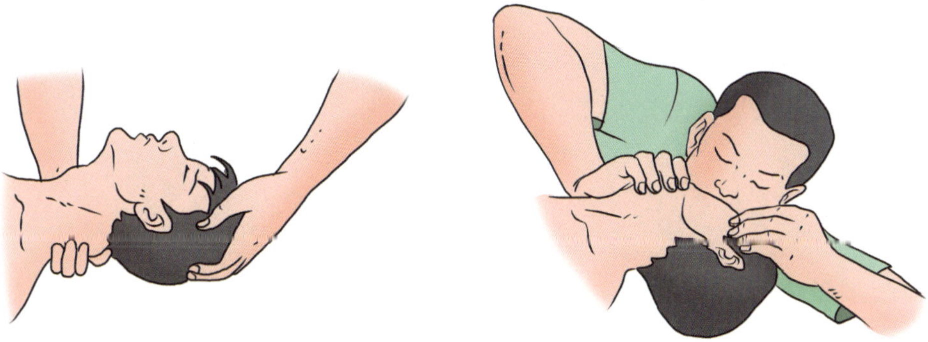

人工呼吸方法

（5）在警方处置完现场后再拨打保险公司电话备案。建议将保险公司电话存储至手机通讯录中以备使用。

3.3.4 障碍物

车辆在高速公路上行驶时，可能会遇到障碍物，此时驾驶人要提高警惕，尽早、及时发现障碍物，为避让争取时间。如果路面上有编织袋、布包等一些杂物，在保证安全的情况下，绕道行驶，不要驾车碾压。

如果临近时才发现障碍物，或者遇到飞行的塑料袋等对车辆不会产生较大撞击力的障碍物，驾驶人应第一时间紧握方向盘，同时踩刹车降速，避免猛打方向盘、急踩刹车，防止过度避让。

行车中遇飞行塑料袋

案例

2009年2月22日6时57分，广西境内南北高速公路钦州段1122公里加550米处，发生乘载51人（含2名儿童，核载49人）的大型客车因躲避重型半挂牵引车遗撒在行车道内的遗散物（30袋麦麸，每袋40公斤），向左过急转向躲避，导致车体与中央护栏相撞，刮擦20余米后向右后侧翻，造成12人死亡，19人受伤。

3.3.5 施工路段

在一般情况下，公路养护部门会对高速公路进行定期的养护、维修，驾驶人在通过这些施工作业路段时，应注意观察、减速避让。

施工作业单位一般会在距离作业地点的来车方向1000米、500米、300米、100米处分别设置明显的警告标志牌，用信息板、临时限速标志和施工标志及锥形路标等为驾驶人提供警示信息。

施工路段

施工车辆作业时也会开启示警灯和危险报警闪光灯。夜间还会设置红色示警灯。

养护作业车辆

遇路面施工的驾驶操作技巧：

（1）在看到施工作业点 1000 米前的警告标志牌后，观察车辆前后的情况，适当降低车速，在规定车道内行驶。

（2）如遇车辆排队，交替通行。切忌超车、穿插、借道行驶。

（3）驶入施工路段，遵守限速规定。

案例

2008 年 1 月 29 日 7 时，贵州贵遵高速公路 98 公里加 900 米处，道路施工，大客车乘载 40 人（核载 51 人）在按道路施工导向设施向左驶入对向车道过程中，车辆撞击中心护栏后失控，冲出道路左侧，从坡长约 63.5 米边坡上翻落至坡下公路，造成该车上乘座人员 25 人死亡、14 人受伤、车辆报废。

3.3.6 交通拥堵

高速公路上行驶，往往在节假日高峰、不利天气情况下会遇到车辆缓行或拥堵；同时，道路施工与交通事故路段也会发生车辆行驶缓慢或临时性拥堵情况。

高速公路交通拥堵

(1) 行驶过程中，注意观察前方的路况和路面情报板提示。

关注高速公路可变信息板

（2）遇车辆排队，提前减速并驶入各型车辆相应的车道，不要占用应急车道。

切忌占用应急车道

（3）依次排队，交替通行，不要借道超车，不要穿插。

（4）遵守大型车辆靠右、小型车辆靠左的通行原则。

（5）排队等候过程中车上人员不要下车散步闲逛等。

切忌下车闲逛

案例

2014 年 7 月 19 日 2 时 57 分，湖南省邵阳市境内沪昆高速公路自东向西方向 1309 公里加 33 米处，一辆运载乙醇轻型货车，由于驾驶人未按操作规范安全驾驶，忽视交警的现场示警，未采取制动措施，与前方停车排队等候的大型普通客车发生追尾碰撞，轻型货车运载的乙醇瞬间大量泄漏起火燃烧，致使大客车、轻型货车等 5 辆车被烧毁，造成 54 人死亡、6 人受伤。

3.4 天气篇

雨、雾（霾）、强风、冰雪等恶劣天气，会导致通行环境更为复杂，交管部门也会视情况采取相应的管制措施，驾驶人要及时了解并正确操作处置。

3.4.1 了解相关管制措施

（1）封闭道路：在高速公路遇有严重雾（霾）、冰雪等恶劣天气时，交管部门可能会联合公路管理部门封闭高速公路入口，禁止车辆驶入高速。

高速公路封闭

（2）限制车流：在高速公路遇有恶劣天气时，交管部门可能会在高速入口根据该条线路的通行状况采取间断放行或者单道放行的措施。

（3）限制车型：在高速公路上遇有恶劣天气时，交管部门可能通过限制客车、货车、危险货物运输车驶入高速公路等方式来防止重大事故的发生。

（4）压速带道：在高速公路遇有恶劣天气不具备正常通行能力时，在滞留车队的最前方，通过警车或大货车并排低速行驶，将滞留车辆带至出口驶离高速公路或通过辖区警车接力的方式来缓解通行压力。

恶劣天气警车压速带道

3.4.2 获取预警预报信息

预警预报信息主要是服务社会公众出行的气象预报信息和路况实时信息等。气象信息主要是影响安全驾驶的雨、冰雪、雾（霾）、大风等信息；路况信息则是行驶中高速公路拥堵情况、交管部门发布的临时管控措施及养护施工信息。

预警预报信息

驾驶人在出行的时候，可以用以下几个方法来查询高速公路的预警预报信息，合理安排出行时间。

（1）通过交管部门的微信、微博等平台获取。各地交管部门一般都会在微信、微博里发布实时动态管制信息。以微信为例：打开微信，关注相应省份交管部门的微信公众号，及时获取其管辖范围内高速路况。

（2）通过高速公路管理单位公布的电话查询。一般高速入口提示牌或收费卡面会有相应电话号码，建议经常走同一条高速公路的驾驶人保存咨询电话，需要时直接拨打。

通过微警务获取高速公路路况

通过高速公路管理部门获取高速公路路况

（3）通过收看电视节目获悉高速公路的相关情况。

通过电视节目获取

（4）收听交通广播。不同地区都有交通广播电台，可以通过收听节目或拨打电话到直播间进行查询。

通过交通广播获取

3.4.3 雨天行驶

雨天对高速公路行车的主要影响有：能见度低，视线不清；路面湿滑、轮胎打滑，刹车距离长。若高速公路路面上有积水，容易出现“水滑”现象。

雨天限速

（1）严格遵守雨天限速规定。行驶过程中在限速规定范围内尽量匀速行驶。

（2）适当增大跟车距离，保持安全车距。

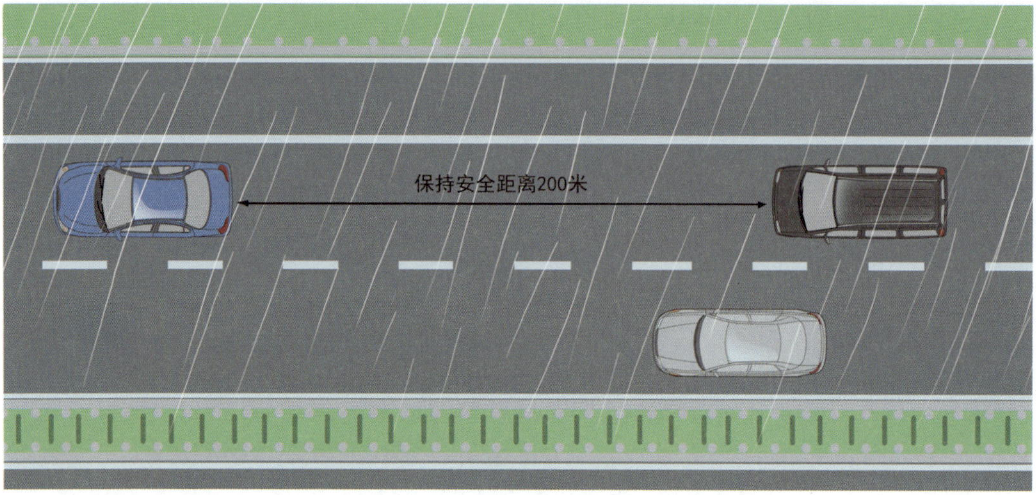

雨天保持安全车距

（3）及时开启示廓灯和雾灯，不要使用远光灯。勤用远近光变化警示前方车辆。当能见度低于100米时，在示廓灯、雾灯的基础上及时开启近光灯及危险报警闪光灯。

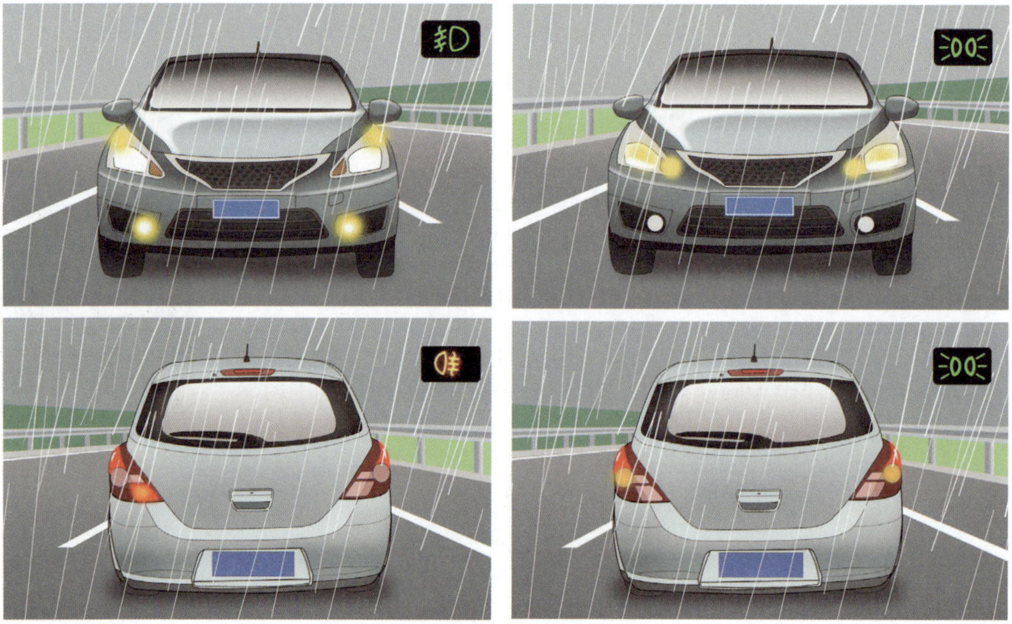

及时开启示廓灯和雾灯

（4）采取点刹或者挡位降速来降低车速，避免紧急制动。

（5）转向时要先减速，适当加大转弯半径，慢打方向盘，避免紧急转向，以防车辆侧滑，车体失控。一旦遇到车辆侧滑，驾驶人要冷静处理。若前轮侧滑，方向盘要向前轮侧滑的反向转动；若是后轮侧滑，方向盘要向后轮侧滑的同向适当转动。

（6）遇特大暴雨，不要贸然行车，建议打开危险报警闪光灯，从最近的出口驶离或驶入最近的服务区。

（7）当车内湿气凝结成雾时，打开空调直吹玻璃，能迅速除湿消雾。

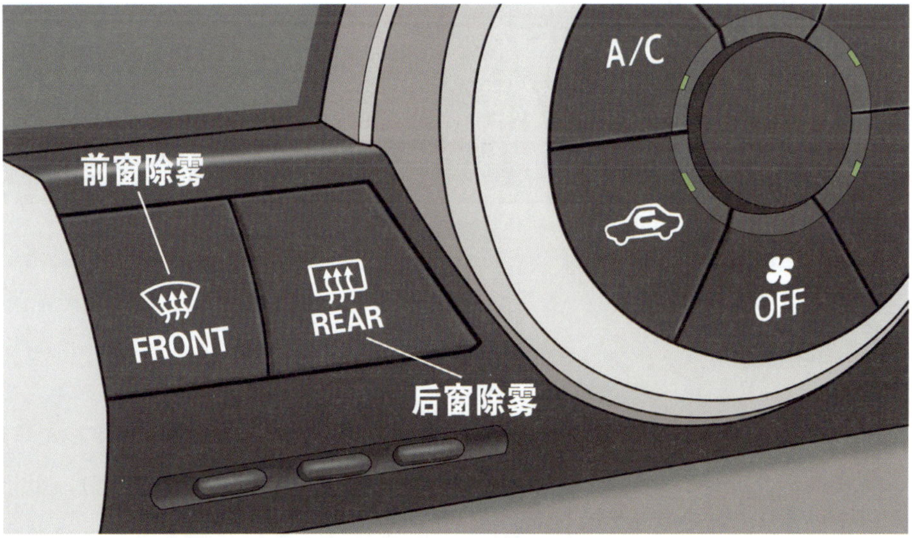

空调除湿消雾

注意事项

（1）雨天出车前要注意收听气象信息，掌握天气变化，做好雨刮器和风窗清洗液的检查、点火系统的防潮工作。

（2）雨天行经山区高速公路路段时，要注意警示标志，尽量避开经常发生塌方、滑坡、泥石流的路段。

雨天注意避开塌方路段

案例

2011年6月4日14时40分，广东长深高速公路惠州境内3580公里下坡弯道处，两小型汽车追尾。此时，尾随的重型半挂牵引车（实载23吨，核载30吨），由于驾驶人驾驶不符合技术标准的车辆，雨天超速行驶，并遇情况采取措施不当，碰撞其中一小型汽车后冲过中央防护栏，与对向大型客车（实载32人、核载51人）左前侧发生碰撞，致大型客车翻车，造成11人死亡，21人受伤。

3.4.4 雾（霾）天行驶

雾（霾）天能见度下降，直接影响驾驶人对前方路况及同向车辆相互位置的观察判断，稍有不慎就会酿成多车追尾的严重道路交通安全事故。

（1）驾驶人应当谨慎驾驶，注意路况特别是“前方雾区路段”指示标志提示。

雾区指示标志

（2）注意保持挡风玻璃的清洁。浓雾中行车可间歇使用雨刮器，以便刮除挡风玻璃上凝结的小水珠；还可开启车内空调直吹玻璃，迅速除湿消雾。

（3）临近雾区路段时应提前减速，观察能见度、车流量等情况，在视线范围内能观测到雾区时，立即开启前后雾灯、示廓灯和危险报警闪光灯，靠中间行车道行驶，切忌开启远光灯。

雾（霾）区灯光使用

（4）适当加大与前车车距，不要猛踩刹车或者随意变道，严禁超车。能见度越低时，车速越慢。若能见度在 50 米以内时，应在就近的收费站驶出或者驶入服务区停车等待雾（霾）消散后再驶入高速公路行驶。

（5）勤按喇叭鸣笛，以警告其他车辆。当听到其他车辆的鸣笛声时，应当立刻鸣笛回应，提示自己的行车位置。

（6）驶出雾（霾）区后及时关闭雾灯和危险报警闪光灯，按照规定车速安全行驶。

（7）高度重视团雾。团雾如同云朵漂浮在地面上，瞬间能见度迅速降低，相比常规雾（霾）天更加危险。如遇团雾，驾驶人不要惊慌，要迅速打开前后雾灯、近光灯、示廓灯、危险报警闪光灯等，借助路面标线及前车尾灯引导视线，可间歇采取鸣笛措施向其他车辆示意，切忌猛打方向、随意变道。

案例

2010 年 10 月 9 日 8 时 40 分，江苏宁合高速南京段 454 公里加 100 米处，正处于雾天，视线不良，重型水泥罐车，核载 27 吨（实载 73.54 吨），驾驶人在雾天恶劣天气下未注意观察道路情况，发现大客车后制动不及，导致追尾大型普通客车（核载 47 人，实载 53 人，含 2 名婴儿），客车起火燃烧，造成 17 人死亡、23 人受伤。

3.4.5　强风天气行驶

隧道口处或高架桥上侧向阵风多发，强大的风力从侧面作用在汽车上，对于小型车辆或重心较高的车辆，会使其明显偏离原来行驶方向，危及行车安全。特别是大风中转弯时，若风力与车辆离心力叠加作用，容易使车辆发生侧翻。

横风推力与离心力

（1）关闭车窗。驾驶人第一时间关闭好车窗，防止沙尘飞进驾驶室，影响驾驶人的视线。

（2）控制车速。过大的风力会对车的平稳性产生影响，要适当放慢车速，握稳方向盘，以免行驶路线发生偏移；尽量减少超车。

（3）躲避货车。尽量躲避前方盖有苫布、装载货物的大货车，不得已跟随时，要注意拉开距离。此外，还应注意躲避路旁摇曳的树木、广告牌。

（4）风沙天气处理。因强风沙天气导致能见度低于 100 米时，应及时打开前照灯、示廓灯和后位灯、危险报警闪光灯。如遇风沙特别大时，应将车驶入就近服务区、紧急停车带或尽快从最近出口驶离高速公路停车避风。停车时要使车尾迎风，避免车的左右两侧迎风。

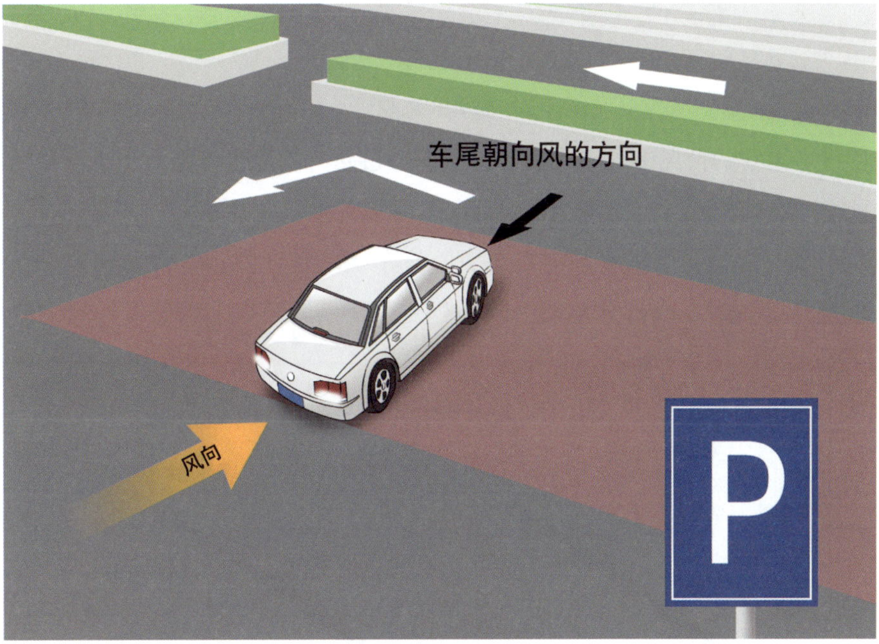

强风中正确停车

3.4.6 冬季行驶

冬季冰雪多、气温低，环境复杂。下雪时雪花会阻碍驾驶人的视线，能见度降低，甚至出现雪盲现象；轮胎与路面的附着系数降低，容易发生侧滑、追尾事故。

冬季冰雪多

即使没有雨雪的情况下，冬季桥面、隧道、道路背阴面也可能由于水汽凝结出现结冰，这种暗冰在驾驶人没有防范意识的情况下更加危险。

（1）冬季气温低，驾驶室内外温差大，汽车挡风玻璃内侧常常会聚集一层白色的水雾。可打开空调暖风或打开车窗去除。积雪落在挡风玻璃上妨碍视线时，使用雨刮器去除。

及时使用雨刮器去除窗外积雪

（2）冰雪天气下高速公路驾驶，能见度低于200米，车速应低于60公里/时，与同车道前车保持100米以上的距离；能见度低于100米，车速应低于40公里/时，与同车道前车保持50米以上的距离；能见度低于50米，车速应低于20公里/时，并驶离高速公路。

（3）高速上冰雪路段行驶应避免急打方向盘、急加速或是急刹车，并且应按照路侧可变情报板限速要求适当减速行驶。在驾车过程中，应加大车距，具体为正常路面下的2到3倍。

（4）在有冰雪的弯道和坡道上行驶时应提前减速连续通过，避免途中变速停车或熄火。转动方向盘时，应缓慢放松加速踏板，使车速均匀下降后再转向。当发生侧滑甩尾时，要向甩尾一侧方向转动方向盘，修正车身并逐渐驶回原路线。

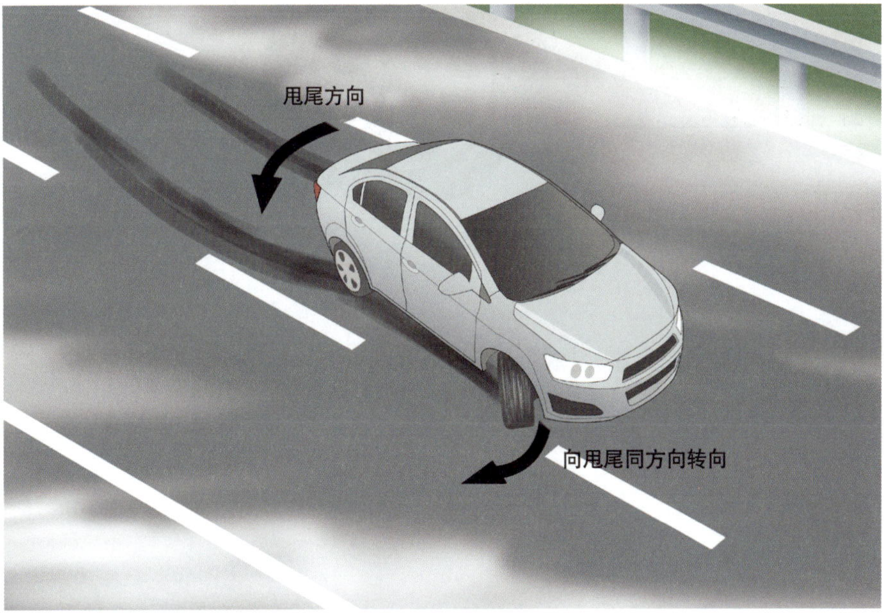

侧滑甩尾处置

（5）冰雪路段制动时，要用减挡的方法来控制车速，让发动机来制动。尽量不要踩制动，必要时可以用手刹来控制车速。

(6) 隧道、穿山公路弯道、积雪道路、背阴坡，都是容易出现暗冰的地点，需要谨慎驾驶。

(7) 使用防滑设备。可给汽车加上防滑链或换防滑轮胎。防滑链要加装在驱动轮上，小汽车大多为前轮驱动，其他汽车多为后轮驱动。

使用防滑设备

降雪天气中，除控制车速、按规定使用灯光外，车辆前后车牌经常被雪遮挡，驾驶人在上路前有义务保持车牌的整洁和完好。

案例

2015 年 1 月 16 日，山东荣乌高速公路 305 公里加 500 米处莱州境内饮马池大桥上，桥上已形成冰雪路面，重型罐式货车超载并在冰雪路面超速行驶，因操作失误造成车辆失控，向右侧滑后，又向左偏驶，在向左偏驶的过程中追尾碰撞小型面包车后，继续向左偏驶，在刮擦中央隔离带钢板护栏停车后，停在车道内。后方驶来的大型普通客车在冰雪路面超速行驶，操作不当，右前角与重型罐式货车左后角相撞，重型罐式货车押运员违反油罐车安全操作规范，未关闭紧急切断阀，所装货物（汽油）泄漏。随后小型越野客车在冰雪路面超速行驶，驾驶人采取措施过晚，直接撞在大型普通客车的左侧中前部，产生火花，引起泄漏的汽油蒸汽与空气的混合物爆燃，造成 12 人死亡，6 人受伤，4 车损毁。

3.4.7 夜间行驶

到了夜间，高速公路就成了“无灯区”，视线不良；同时，由于夜间车流较小，大货车驾驶人往往选择夜间出行，超载超速、疲劳驾驶等违法行为多发；此外，夜间全靠车灯照明，远近灯光的正确使用是保证夜间安全行车的根本。部分驾驶人夜间长期开启远光灯照明，给对向驾驶人带来很大的安全隐患。驾驶人要注意夜间行车的驾驶技巧。

3.4.7.1 夜间行车善用灯光

夜间在高速公路上正常行驶时，开启近光灯、示廓灯。如果前方无车，则可适当开启远光灯，短暂观察一下前方较远处的路面及周边情况，然后迅速换为近光灯。如果前方有车或者对面有来车，应将远光灯变为近光灯。超车时，应提前将远光变为近光，开启左转向灯，告知前车自身位置与意图。

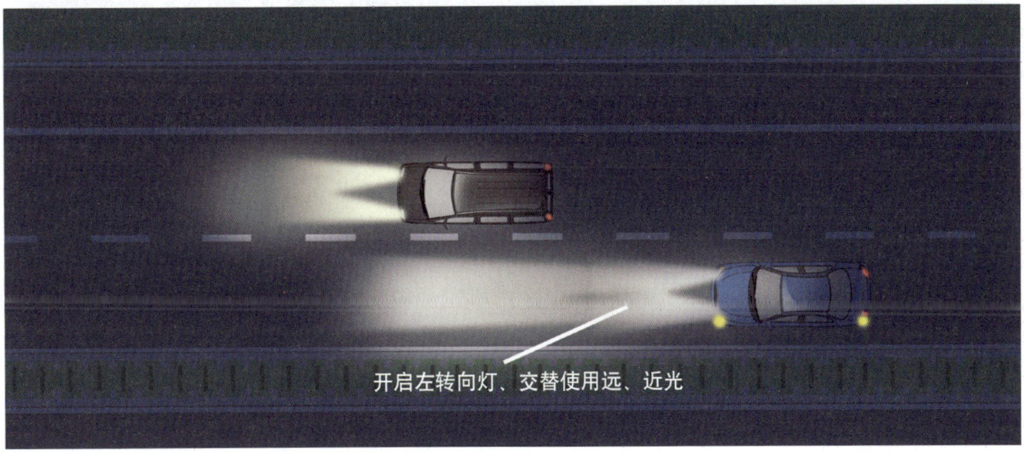

夜间超车正确使用灯光

近光灯一般能照射车前 40 米以内的范围；远光灯则可照射到车前 100 米或更远。

远光、近光范围

3.4.7.2 利用灯光变化判断道路情况

上下坡的判断与操作：灯光照射距离由近变远，车辆到达坡顶或者开始下坡，此时要适当放松油门踏板；相反，灯光照射距离由远变近，则表明前方是上坡路段，此时要保持车辆动力，若感觉到动力不足可适当减挡。

利用灯光判断下坡路段

利用灯光判断上坡路段

弯道判断与操作：夜间行车过程中发现灯光照射至车道一侧，表明车辆进入弯道，应该及时降低车速，调整方向。此时可开启近光灯，或者远近光灯交替使用，来扩大视野。

利用灯光判断弯道

3.4.7.3 时刻注意路面情况

夜间高速公路行车一定要“礼让三分”，通过弯道要用远近光变化告知对方；通过弯道、隧道、桥梁等路段要按规定限速减速行驶；时刻注意前方是否有事故车辆、警示标志等。

注意事项

(1) 夜间开车尽量避免跟随大货车。夜间行车小汽车要与大货车保持安全距离，最好在100米以上。因为夜间行车一旦货车所载货物洒落，而夜间视线不好，跟车距离太近容易无法及时规避。

夜间避免跟随大货车

(2) 科学地安排行车时间，注意劳逸结合。夜间行车相对于白天行车更容易疲劳，所以连续驾驶时间应该在疲劳驾驶规定时间的基础上适当缩短。

而夜间长时间行车，应由2人轮流驾驶，行驶一段时间后停车休息，下车活动腰、腿，放松全身肌肉，预防驾驶疲劳，行车中，保持驾驶室空气畅通、温度和湿度适宜，减少噪声干扰。

案例

2011 年 1 月 11 日 18 时 30 分，河南许平南高速公路 163 公里加 200 米处，大型普通客车（核载 35 人，实载 43 人），由于驾驶人超速行驶，并在夜间能见度低的情况下未按规定减低车速，发现前方有停车后采取措施不当，与前方因交通事故停放在左侧车道的小型轿车相撞后，冲出右侧护栏翻入边沟，造成 16 人死亡、25 受伤。

3.5 节假日篇

3.5.1 认识节假日潮汐特点

我国高速公路在春节、清明节、劳动节、国庆节 4 个国家法定节假日对 7 座以下（含 7 座）载客车辆实施免费通行政策。节假日本身就是出行的高峰，在免费通行的政策下，更多的车辆会选择高速出行。节假日期间高速公路车流具有明显的方向性，以环京、长

节假日高速公路潮汐拥堵

三角和珠三角三个城市群为核心，节假日前期出城方向车流量大，节假日后期回城方向车流量大。

交通部门发布免费通行时段

2017 年节假日高速免费通行时间汇总	
节假日	免费情况
春节	1 月 27 日 0 时—2 月 2 日 24 时共免费 7 天
清明节	4 月 2 日 0 时—4 月 4 日 24 时共免费 3 天
劳动节	4 月 29 日 0 时—5 月 1 日 24 时共免费 3 天
国庆节	10 月 1 日 0 时—10 月 8 日 24 时共免费 8 天

3.5.2 节假日驾驶须知

（1）提前规划好行驶路线。根据交管部门提供的出行预测提示、天气情况、出行免费通行时段来综合规划自己的出行路线，尽量规避高峰路段和高峰时段。

交管部门会针对节假日的特点与天气情况给出出行预测与提示。如 2017 年春节，全国近 50 家公安交管部门联合高德地图发布了《2017 年春节出行预测报告》，报告中会给出具体区域范围内的高速公路拥堵路段、拥堵时段分布等信息，供驾驶人出行参考。驾驶人可以查询交管部门网站、微信、微博获取相关信息。

（2）做好长时间出行准备。节假日高速出行不同于其他时间段，可能遇到大规模的堵车，驾驶人要做好长时间出行的心理准备，在做好车辆常规检查的同时还要准备好必要的食物、水；确保手机电量充足或备有充电线。油箱尽量加满油，因为节假日高峰时段出城方向第一个服务区或进城方向最后一个服务区最容易拥堵，尽量避免在容易拥堵服务区休息、加油等。

节假日高速公路服务区排队

(3) 节假日出行的私家车要杜绝拉运煤气罐、烟花爆竹等危险货物,也不要客货混载。

杜绝私家车拉运烟花爆竹

（4）节假日期间高速公路车流较大，容易发生拥堵。车辆不要超速、不能随意变道，更不能占用应急车道。

（5）事故快处快赔。为了保障节假日高速公路出行畅通，一些省份交管部门会视情况在高速路服务区、收费站处设立“快处快赔”流动服务站。所行驶的高速公路是否设有快处快赔流动服务站及具体位置可致电各省高速公路交警报警电话或通过“122”、“110”电话查询。快处快赔的处理条件与过程已在本章相关内容介绍。

节假日高速公路快处快赔流动服务站

3.6 防御性驾驶

防御性驾驶是驾驶人在行车过程中，能有意识地预判由其他驾驶人、行人、不良天气或路况引发的危险，并能及时采取必要、合理、有效的措施防止事故的发生。防御性驾驶有五方面要点：

(1) 预判风险：根据天气、路况等提前分析潜在危险。如雨天可能会遇到深积水；

高速公路出口可能会遇到车辆减速、变道；超车时可能会遇到右侧车辆遮挡视线等情况。

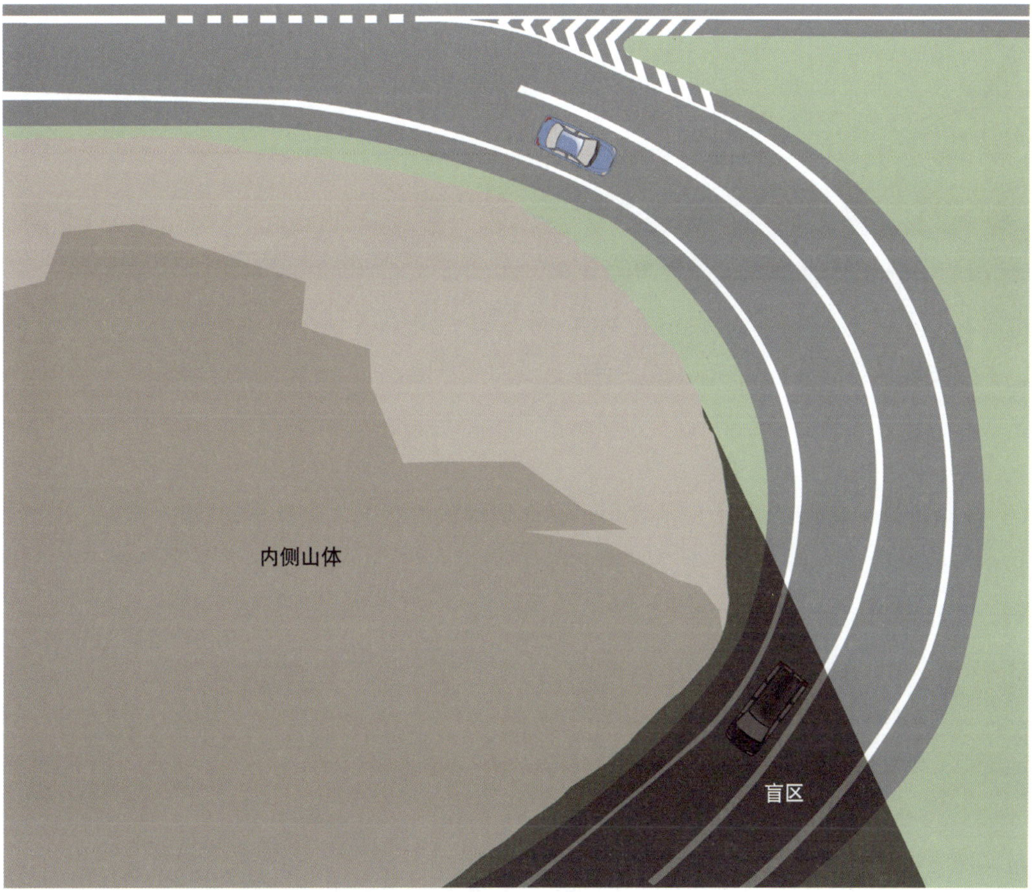

弯道风险预判

（2）放眼远方：为了有足够的时间和空间避开危险源，行车过程中驾驶人需要搜索前方至少 15 秒行程范围以内的交通状况。

放眼远方

（3）时刻扫描：驾驶人应清楚地了解车辆周边的状况，以及车辆在整个道路交通环境中所处的位置，同时为了能及时发现潜在危险，还要保持视觉搜索不间断地有序地进行，并有意识地避免分散注意力。

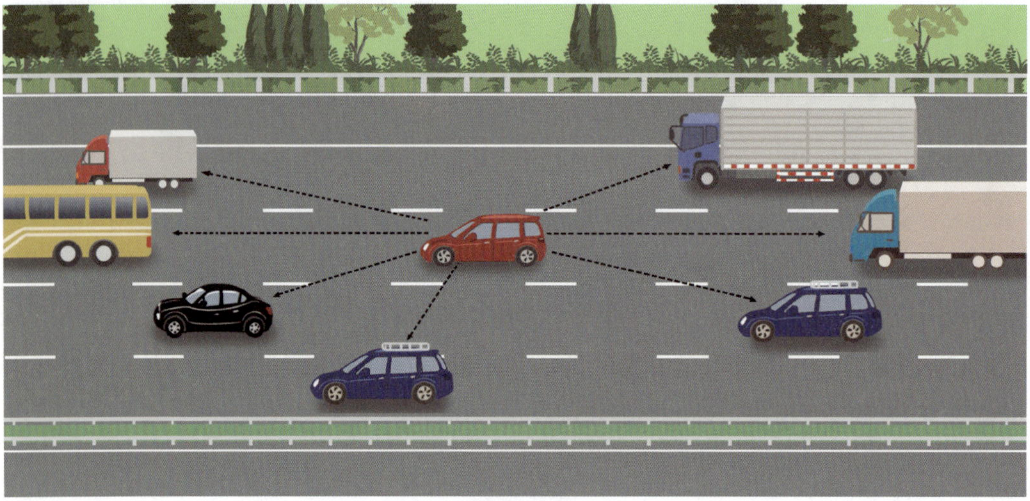

时刻扫描

（4）留有余地：驾驶人要保持前后左右的空间，以便有足够的时间和空间来采取应对措施、避免事故发生。一般来说，小型车辆需要保持至少 4 秒的跟车距离，根据环境变化适当调整。

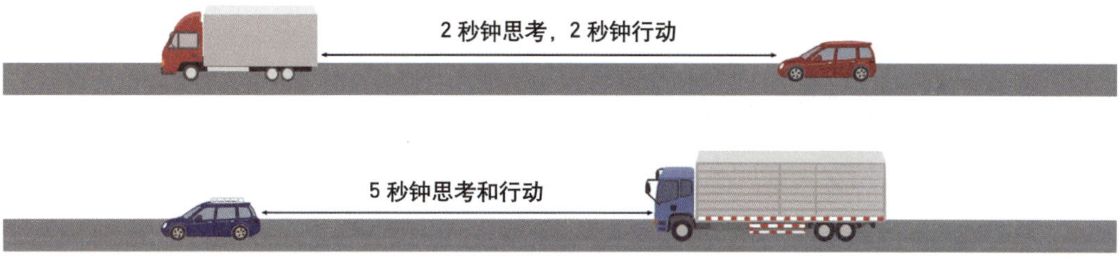

留有余地

（5）引人注目：驾驶人需要及时清晰地发出信号，向他人正确传递自己的意图，并等待他人的回应，否则不要贸然前进。发出信号的方式有：使用喇叭、灯光和手势；变道前打转向灯；超车时打开左转向灯；夜间对向车不关闭远光灯，则可通过远近光交替提示对方关闭远光灯。

第4章 危险驾驶行为

4.1 收费站出入口实线变道

高速公路收费站出入口处施划了白色分道线，这种白色实线表示机动车必须严格按照规定的车行道方向行驶，严禁随意跨越。

收费口实线车道线

通行高峰期间，收费站通过能力不足，容易造成大量车辆积压，车辆间距变小、客货车混行、视野范围变小，这种情况下随意变更车道不仅将严重影响通行秩序、不利于快速通过收费通道，还会因为突然的变道造成刮擦、碰撞的交通事故，严重的甚至会威胁司乘人员的生命安全。在收费站出入口处，车辆应各行其道，货车不挤、小车不抢，宁等三分，莫争一秒，井然有序地通过。

实线变道易引发事故

4.2 出口处连续变道

高速公路同方向至少有两条车道，甚至是同向三车道、四车道，在高速公路出口处，驾驶人存在由左侧第一车道横跨第二、第三车道直接进入最右侧车道的情况，这种没有停顿感地跨越车道的行为，容易酿成事故。

车辆临近出口 2 公里、1 公里、500 米都有出站口指示牌，特别是在 200 米处，道路分隔虚线变成实线，严禁车辆变道。临近出口留意导航语音提示，并注意观察指示牌，根据导航或指示标志提前变道靠右减速慢出高速公路。当驾驶人来不及变道时，不要强行变道，既违法又危险，应继续安全向前行驶，至下一个收费站掉头再回来。

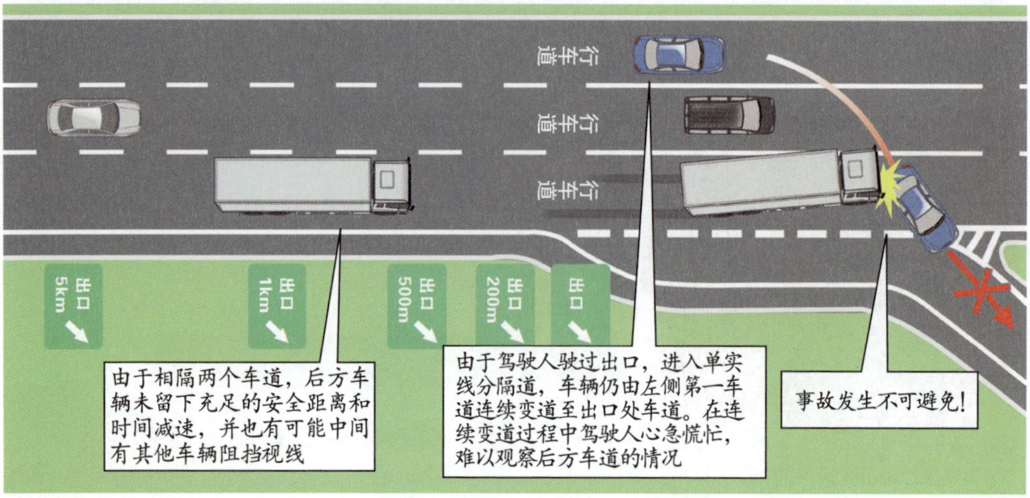

出口处连续变道危险大

4.3 随意变更车道

车辆在高速公路正常行驶过程中，机动车从一条车道变更到同向另一条车道时，驾驶人不采取必要的安全操作方式或在不允许变更车道的位置变更车道，这种"随意变更车道"的行为一般有以下几种表现，十分危险。

表现一：变道时不按规定使用转向灯。变更车道时应当按规定使用转向灯，告知后车行驶意图，预防事故发生。同时，进出匝道并道时，也应当使用转向灯。

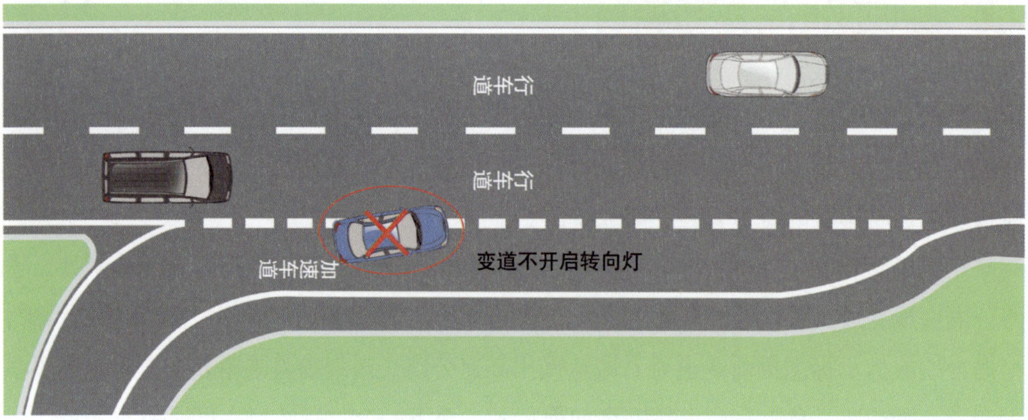

随意变道：不开启转向灯

表现二：不保持安全距离变更车道。变更车道时，应当提前观察变道是否会干扰侧后方车辆。在确认有足够安全距离时，以比后方车辆稍快的行驶速度变更车道。

随意变道：不保持安全车距

表现三：超车后迅速变道。超车的瞬间，侧方车辆正好处于视野盲区，此时变道极易导致事故。正确的做法是超越旁边车辆以后，保持直线行驶，同时开启转向灯，确认能够在侧后视镜中完全看到侧后车辆全貌后再变更车道。

随意变道：超车后迅速变回原车道

4.4 遇点位、区间测速急刹车

高速公路安装测速装置是为了提醒、警示驾驶人按规定限速行驶，确保交通安全。驾驶人在高速公路上驾驶时，大部分高速公路的测速点可以通过导航等提前获悉，部分驾驶人在驾车通过测速点时会下意识地急刹车。这种行为非常危险，前车急刹车很可能导致后车措手不及，发生追尾事故，酿成惨剧。

区间测速急刹车危险

4.5 非法改装货车

为了谋取更多利润，部分货车车主对车辆进行非法改装。货车经过改装后，与原机动车行驶证信息不符，其安全技术指标难以符合安全行驶要求。超宽、超长车辆制动性能差，转弯半径大，驾驶人后视角小，车辆可操作性差，安全隐患突出。

- 制动性能差：一旦遇到紧急情况，难以及时制动。
- 转弯半径大：遇急弯、连续弯路的情况下可能会侧翻或者撞击护栏。

● 驾驶人后视角小：盲区较正规车辆大，很难发现从一侧超车的小轿车，容易发生交通事故。

常见的非法改装有：

(1) 加高车外箱护栏板以此增加载货容积，此类车辆主要运送沙、石、木材等货物，通过改装，原本拉几吨的车厢可以拉到几十吨。

货车非法加高

(2) 重型厢式货车保持车身外形不变，将车厢尺寸长度加长。

货车非法加长

（3）将箱式半挂车改装为敞开式半挂车。

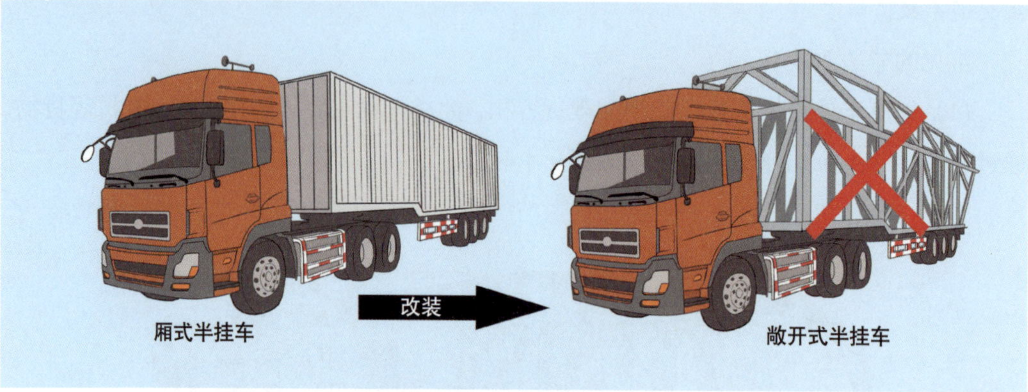

厢式半挂车改为敞开式半挂车

自 2016 年 9 月 21 日起，全面禁止“双排车”通行，一旦发现该类车辆在高速公路上行驶可举报给公安交管部门处理。

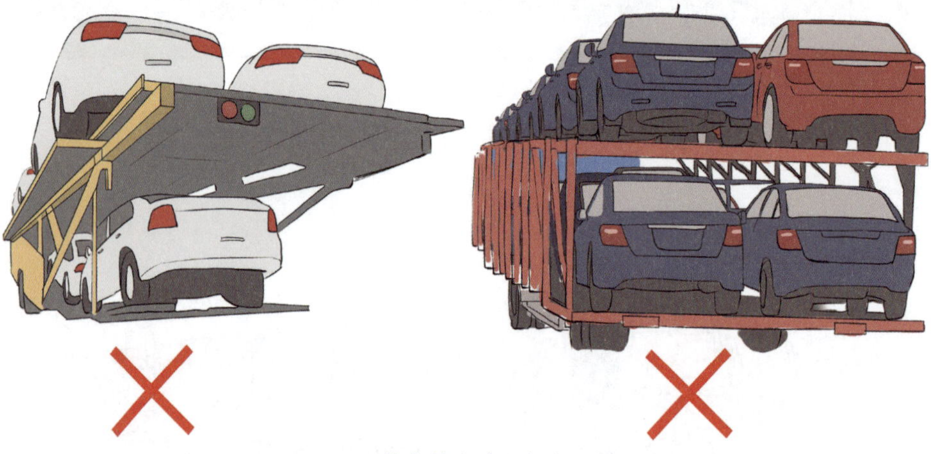

双排车禁止驶入高速

4.6 私家车拖运摩托车、三轮车、山地车

随着生活条件的改善，使用私家车拖运摩托车、三轮车、山地车、摩托艇等设备到

外地游玩的驾驶人越来越多。有些驾驶人只是将私家车进行简单改装后就拖运这些车辆驶入高速公路。自行改装的情况下，挂车的灯光信号、制动、连接、安全防护等装置难以符合国家标准，尤其是硬连接的可靠性大打折扣，高速公路通行时制动、转弯难以保证车辆的同步性，一旦发生牵引车和拖车分离，极易引发严重交通事故。

关于私家车牵引车辆通行高速公路的问题，我国法律有明确规定。依据《中华人民共和国道路交通安全法实施条例》第五十六条，小型载客汽车只允许牵引旅居挂车或者总质量 700 千克以下的挂车。同时该小型挂车应当达到《机动车运行安全技术条件》（GB7258—2012）标准要求。

私家车牵引车辆方式

驾驶人使用私家车拖运摩托车、三轮车、山地车时必须在正规的厂家购买符合标准的总质量在 700 千克以下的挂车，并将上述物品放置在挂车中方可进行拖运。严禁自行加装连接装置后驶入高速公路。

4.7 隧道口危险驾驶行为

在高速公路隧道出入口，由于光线变化、不利天气等因素影响，交通安全风险突出，如果驾驶人缺乏处置经验，易发生道路交通事故。驾驶人要高度重视，集中精力谨慎驾驶。隧道口的危险驾驶行为主要有：

（1）驶入隧道前不按照规定减速。

隧道口要按规定减速

（2）驶入隧道前，不按规定开启灯光。

驶入隧道不按规定开启灯光

（3）没有仔细观察隧道内交通情况，尤其要注意有无故障车、低速慢行的大货车。

（4）驶出隧道后迅速加速。

4.8 超速行驶

高速公路超速驾驶机动车，是极为危险的交通违法行为。我国高速公路设定最高时速为 120 公里 / 时，但部分路段因地形地貌复杂，在匝道、弯道、隧道、斜坡等路段各有不同的限速要求，遇恶劣天气也有相应的限速要求。

超速行驶易使驾驶人视野变窄、视力下降、判断迟缓，制动距离延长，容易诱发追尾、侧翻等交通事故。

超速行驶引发事故

4.9 超低速行驶

我国规定高速公路上的车辆应当在相应车道按照规定的行驶速度行驶，最低车速不得低于 60 公里 / 时。在正常情况下，低于规定最低时速行驶属于违法行为。在高速公路上超低速行驶不仅影响了高速公路整体的行车效率，也容易引发追尾等交通事故。

（1）容易超低速行驶的路段：车辆在进入或离开高速公路的收费站、服务区等路段容易超低速行驶。驾驶人应当提前规划好行车路线，注意标志与指示方向，在上述路段按规定车速行驶。

超低速行驶影响后车

（2）容易超低速行驶的车型：超低速行驶的车辆多为大货车，尤其是部分货车超载行驶，车辆加速性能低；如遇到长上坡路段，更易超低速行驶。

货车容易超低速行驶

4.10 右侧超车

我国道路通行实施靠右行驶原则，右侧超车容易与非机动车、行人发生事故。我国机动车方向盘在车辆左侧，驾驶人右侧的盲区较大，视野受限，前车驾驶人很容易忽视右侧位置的车辆，容易与“右侧超车”的车辆发生碰撞。此外，驾驶车辆遇突发情况时，驾驶人一般会下意识减速靠右侧停车，而此时如果从右侧超车，容易引发事故。

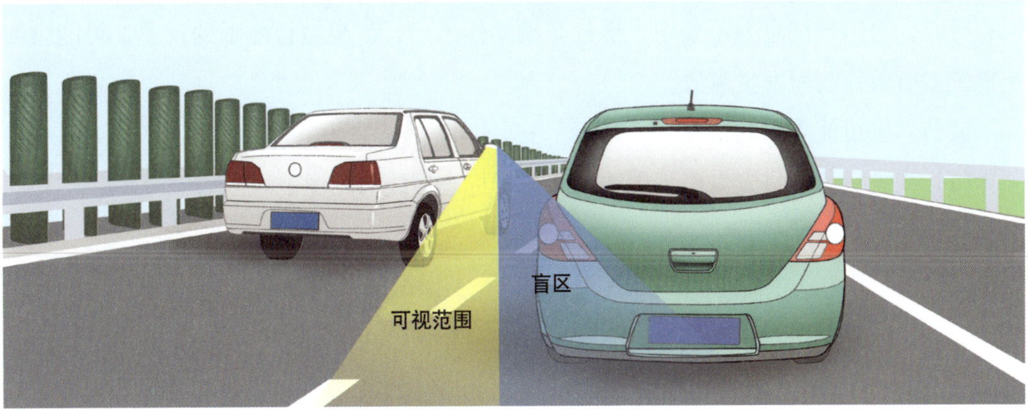

右侧盲区

小型汽车在高速公路上遇到货车并排行驶时，要耐心跟车，变换灯光提醒，待其完成超车后再超越，切不要右侧或占用应急车道超车。

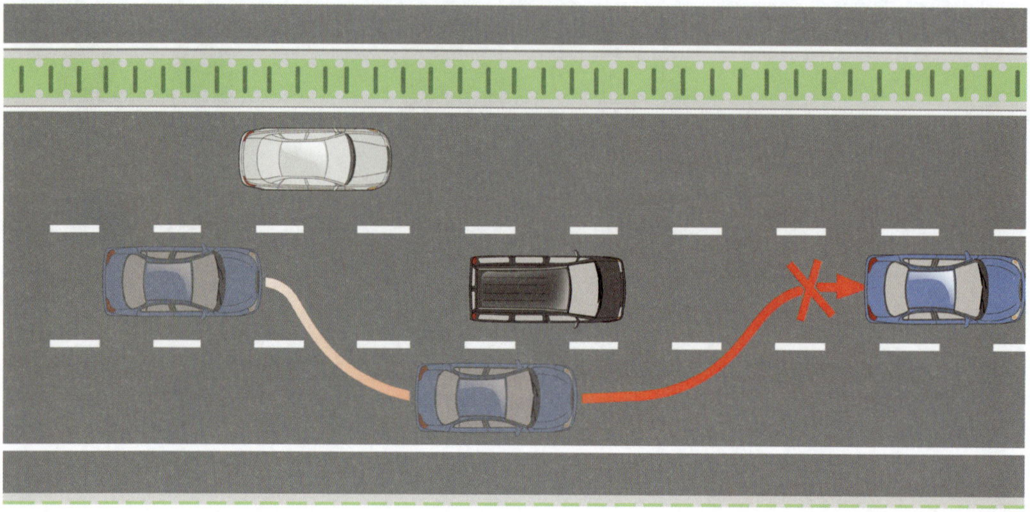

右侧超车危险

4.11 疲劳驾驶

疲劳驾驶是驾驶人在长时间连续行车后，产生生理和心理机能失调，客观上出现驾驶技能下降的现象。驾驶人睡眠质量差或不足，长时间驾驶车辆，容易出现疲劳。驾驶人疲劳时，会出现注意力不集中，操控车辆动作呆滞，甚至短暂睡眠的现象，可能会使车辆失去有效控制而发生事故。

疲劳驾驶可能导致的情况：

（1）视觉疲劳，目光失焦，无法及时分辨标志标线与路况。

视觉疲劳

（2）反应变慢，判断失误，无法及时处理路面状况。

疲劳驾驶反应慢

（3）意识涣散，失去操控，任由车辆偏离车道。

驾驶人要科学安排行车时间，尽量避免长时间行车，特别是夜间长时间行车。途中注意休息，高速公路一般每隔 50 公里有服务区，可以停车进行适当休息和下车活动。保持正确的驾驶姿势，同时避免长时间僵化固定坐姿。

4.12 酒驾、毒驾

酒精对驾驶人的视力、中枢神经、触觉都会产生影响，驾驶人饮酒后往往不能迅速准确地感知交通状况，即使发现了交通状况也很难正确规范操作避开危险。有关研究表明：毒驾比正常人反应时间慢 21%。由于毒品对人体中枢神经产生作用，吸毒后产生幻觉，有情绪上的亢奋等症状，驾驶人可能会有精神萎靡不振、反应迟钝、嗜睡、精神恍惚、神智不清、胡言乱语、目光呆滞等吸毒特征表现，容易诱发交通事故。

驾驶人在酒驾与毒驾时，可能存在车辆行驶速度过慢或过快、行驶轨迹忽左忽右或曲线行驶、转弯时不开转向灯、强行超车或压线行驶、夜间会车时不变换灯光等行为。

酒驾、毒驾危害大

4.13 匝道上超车、停车

部分驾驶人忽视交通安全，在匝道随意超车、停车，严重妨碍匝道内正常行驶的车辆。匝道弯道较多，一旦速度过快，很容易发生侧翻、侧碰等交通事故。

匝道超车危险

匝道违法停车

即使前方车辆行驶缓慢，也不能强行超车。大型货车和大客车在匝道中行驶速度往往较小型汽车慢，若小型汽车驾驶人强行超车，可能会造成大型车驾驶人突然急刹车或加速前行，车辆容易失控，从而诱发侧翻等交通事故。

4.14 占用应急车道

在遇到高速公路因交通事故、车辆故障或突发事件而拥堵时，不少驾驶人常常会因为“心太急”想早点通过拥堵路段，而将车辆驶入应急车道，结果反倒造成应急车道被占用，从而堵住了后方的施救车、救护车、警车的通行，给救援工作造成很大影响。

应急车道是生命通道，只有下列紧急情况下才可以使用：

- 车辆发生突发故障无法正常行驶；
- 车内乘客突发疾病；
- 救护车、救援车等应急车辆。

非紧急情况占用应急车道可能妨碍施救车辆进入、影响事故施救的进度，延误伤员的抢救时间，间接危害伤者的生命安全。当发生紧急情况需要应急车道停车时，开启危险报警闪光灯，并在车辆后方 150 米处放置三角警示牌，能见度低或者夜晚时还需将三角警示牌的距离适当提升到 250 米以上，车上人员迅速撤离到高速公路以外的安全地带。

4.15 驶过出口倒车

在高速公路上行驶，存在因驾驶人精力不集中或道路不熟悉而错过出口的情况，当驾驶人发现错误后，有的会马上选择在硬路肩上停车，倒回至出口位置，有的甚至在行车道或者超车道上紧急停车，倒回至出口位置。这种行为十分危险，因为车辆在高速公路上正常行驶中很难意识到前方车辆在倒车，容易发生追尾、碰撞事故，甚至发生严重二次事故。

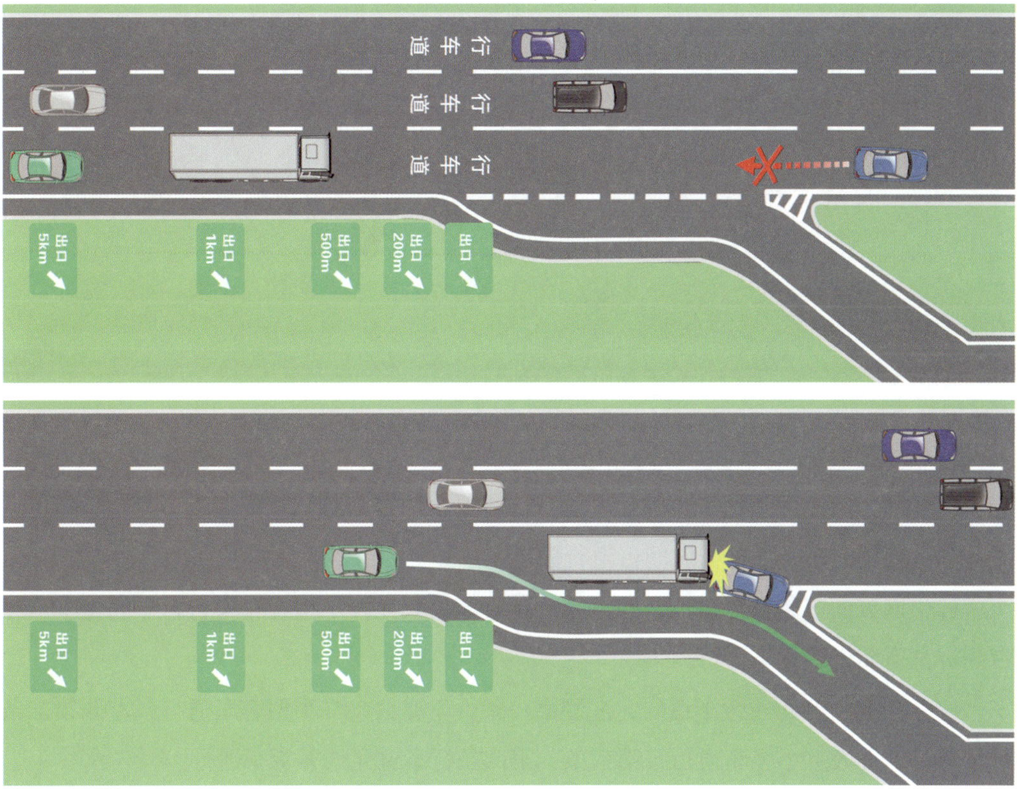

驶过路口倒车行驶

当错过出口后，驾驶人不要惊慌，应继续前行到下一个收费站折返，安全到达目的地。

4.16　大型车辆占道行驶

大型客车、中型以上载货汽车行驶速度相对小汽车较慢，若长期占用左侧车道行驶，小汽车无法正常超车，一方面会降低高速公路的通行效率，另一方面存在极大的安全隐患。客、货车辆应该各行其道，借道超车后及时驶回原车道。

大型车靠右行驶

一般情况下：

（1）同方向有两条行车道的，左侧行车道只允许客车通行，货运汽车可临时借用左侧行车道超越前车，严禁长时间占道行驶。

（2）同方向三条行车道的，左侧第一条行车道只允许小型客车通行，中间行车道和右侧行车道允许客货车通行。

（3）同方向有四条行车道的，左侧第一条行车道只允许小型客车通行，左侧第二条行车道只允许大、小客车通行，第三条、第四条行车道允许客货车通行。

同方向三车道车辆分道行驶

同方向四车道车辆分道行驶

4.17 不保持安全车距

高速公路上行驶时，部分驾驶人不保持安全车距，不为意外预留从容应对处理的余地。驾车行驶时，车速越快，制动距离越长，一旦前车情况突变，惊慌失措是在所难免的，因此，要密切关注前车速度与制动信号，保持安全车距。

在高速公路上以 100 公里 / 时的速度行驶时，一秒钟车轮滚出 28 米左右。高速公路上会不断出现车距确认的指示牌，可以以此来估计自己的跟车距离。

车距确认

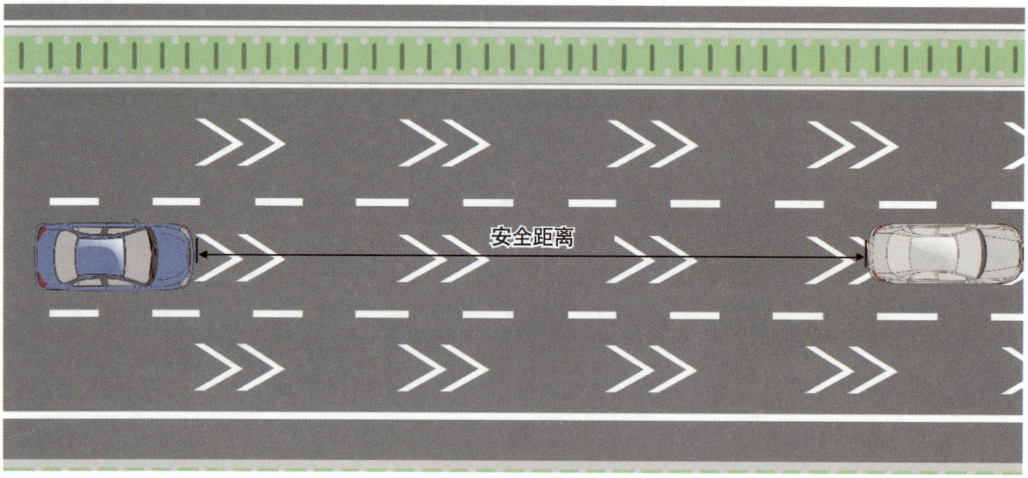

保持安全车距

● 当车速超过 100 公里 / 时，应与同车道前车保持 100 ～ 200 米的距离 ；

● 时速低于 100 公里 / 时，与同车道前车距离可适当缩短，但最小不得少于 50 米。此外，遇到图示情形都要适当拉大跟车距离。

拉大车距的情况

4.18 新手高速公路练车

有部分新取得驾照的驾驶人会上高速公路练车，认为高速公路上驾车驾驶操作变化较少，比城市道路路况简单，更适合新手练习。其实这种认识是错误的。

新取得驾照的驾驶人缺乏高速驾驶的经验，高速行驶时动态视力下降，有效视野变窄，反应迟钝，对必要的信息可能发现过迟或根本发现不了，导致行驶中观察、判断失误的可能性增大，或对突发危险惊慌失措、手忙脚乱，处理不当造成失误，易引发事故。我国现行《机动车驾驶证申领和使用规定》中规定：机动车驾驶人初次申请机动车驾驶证和增加准驾车型后的 12 个月为实习期。驾驶人在实习期内驾驶机动车上高速公路行驶，应当由持相应或者更高准驾车型驾驶证三年以上的驾驶人陪同。车辆应该按照规定在车身后部粘贴、悬挂“实习”标志。

实习期上高速公路

新取得驾照的驾驶人在有陪驾的情况下上高速公路，还需要注意：

（1）方向盘紧握，微调方向，不要猛打方向盘。即使路上有障碍物或爆胎等情况也不要猛打方向盘。

（2）注意不要频繁变换车道，每次只能变换一条车道，不要连续变更车道。非紧急情况不要占用应急车道。

（3）在遇到大型车辆超车时，会对本车产生冲击气流，不要慌张，紧握方向盘稳住方向。

4.19 分心驾驶

部分驾驶人高速公路行车时可能会因自身的行为或受外界的干扰而分心，不能集中精力驾驶。

分心驾驶的行为

（1）因自身行为而分心驾驶。接打手机、查导航、玩微信、刷微博、自拍、抽烟、吃零食、化妆等行为会分散驾驶人的注意力，是分心驾驶的典型陋习。

（2）受外界影响分心驾驶。与他人聊天、逗孩子、与亲人说笑打闹、听音乐等也是常见的分心驾驶行为。

驾驶人分心驾驶时注意力转向与驾驶不相关的活动，从而导致驾驶操作能力下降，是引发交通事故的重要原因。看一眼手机内容至少要 3 秒，以时速 120 公里 / 时为例，这意味着 3 秒内已盲驶了 100 米。一旦遇上紧急情况，易引发追尾交通事故。

4.20 超载超限

货运车辆超载是指车辆运载的货物重量超过行驶证的核定载质量；车辆超限是指车辆的轴载质量、车货总质量或装载总尺寸超过国家规定的限值。驾驶超载超限车辆驶入高速公路危害极大：一方面，损坏路面、桥梁等，使其使用年限大大缩短；另一方面，由于长期处于超负荷运转状态，汽车的制动及操纵等安全性能迅速下降，如轮胎开裂、制动失灵、转向器飘忽抖动、钢板弹簧折断以及半轴断裂等，给交通安全带来极大风险。

超载破坏道路

营运客车超员

面包车超员

私家车超员

近年来，国家高度重视超载超限运输违法行为治理，2016 年 7 月 12 日，交通运输部、工业和信息化部、公安部、工商总局、质检总局联合下发了《关于进一步做好货车非法改装和超限超载治理工作的意见》（交公路发〔2016〕124 号），明确对超限超载车辆实施“一超四罚”（“一超四罚”是指对货运车辆、驾驶人、货运企业、货运场所经营者实行“一超四罚”制度）。

第5章 交通安全新技术

5.1 新型交通安全设施

5.1.1 雾区行车防撞系统

雾（霾）天或者出现团雾时会影响驾驶人判断车距，极易发生追尾事故。对此，部分高速公路上安装了雾区行车防撞系统来提升出行安全。该系统在高速公路两侧间隔几十米设置 LED 闪光灯，当气象检测设备检测到有大雾时，闪光灯自动启动。以黄、红两种色彩预警，黄灯亮起说明前方没有车辆，红灯亮起说明前方几十米内有车辆。红灯亮得越少表明前方车辆越少，红灯亮得越多表明前方车越多。

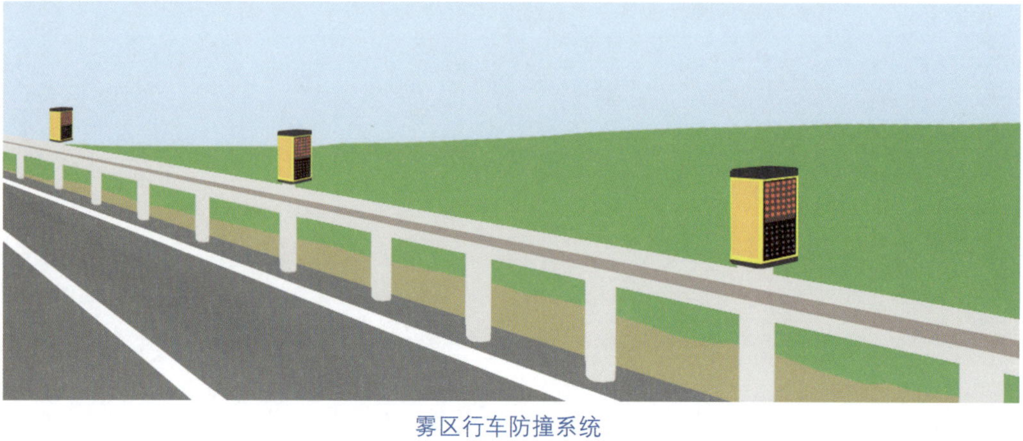

雾区行车防撞系统

5.1.2 隧道光环

在高速公路隧道行驶，驾驶人可能会看到隧道内安装有半圆形的隧道光环。这种反光环一般采用铝板或不锈钢板制作，迎着行车面粘贴反光膜，沿隧道内轮廓安装，最终呈现为一个半圆的光圈。反光环可以帮助驾驶人判断隧道宽度，可缓解进出隧道时因明暗反差导致的瞬间“失明”。

隧道光环

5.2 先进的车辆驾驶辅助系统

随着汽车工业的发展，汽车安全不单体现在坚固的车身结构和全方位气囊等传统安全配置上，各种汽车安全辅助电子设备与系统不断涌现，不仅从物理层面，更是从人车交互出发，来降低发生交通事故的可能性。代表性的有：预碰撞安全系统、车辆巡航系统、并线辅助系统、车道偏离预警系统、疲劳驾驶预警系统等。值得注意的是：以上技术仅仅是驾驶的辅助，良好的驾驶习惯才是最重要的。

5.2.1 预碰撞安全系统

预碰撞安全系统由前方碰撞预警系统和自动刹车系统组成，在车辆行驶中能自动探测前方障碍物，测算出发生碰撞的可能性。若系统判断碰撞的可能性很大，则会发出警报声。若系统判断碰撞不可避免，则会预先收紧前座安全带、启动刹车来最大限度地减轻损伤。

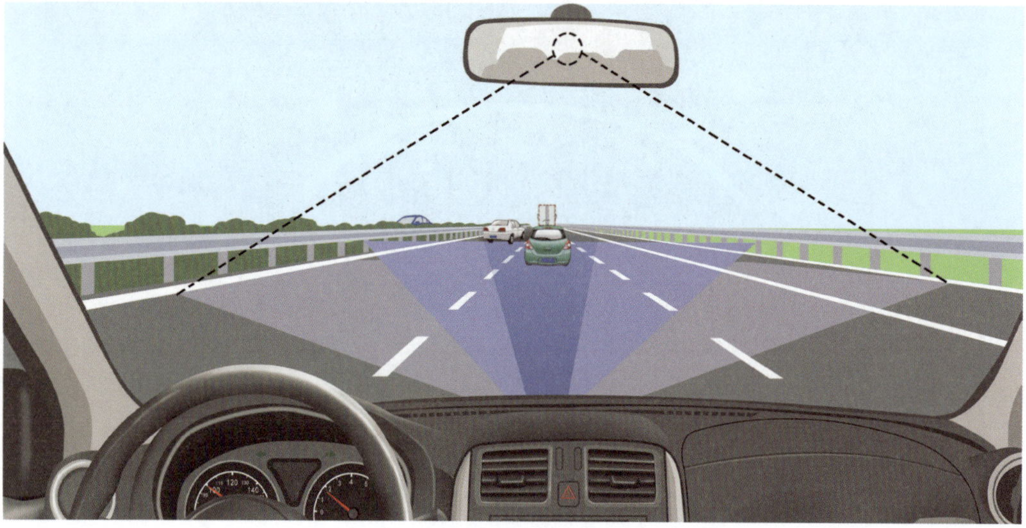

预碰撞安全系统

5.2.2 车辆巡航系统

目前有定速巡航与自适应巡航（速度可变）两种。

（1）定速巡航：通过安装的巡航控制组件读取速度、并与设定的速度进行比较，进而保持固定车速。

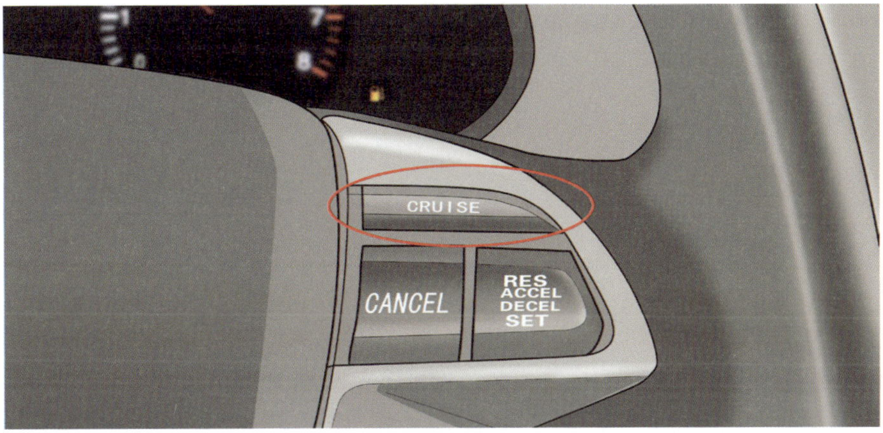

车辆巡航系统

当按下定速巡航按钮，驾驶人不用踩油门踏板，汽车就能保持该速度行驶。当踩下制动踏板时，巡航功能立即消失。由于定速巡航不能调节车速，驾驶人使用时容易产生不安全感，要随时准备刹车。

定速巡航的使用条件：

- 定速巡航一般要在高速公路或全封闭路上使用。车流量大时不适合定速巡航。

车流量大不适合定速巡航

● 雨天、冰雪天禁用定速巡航。

雨天、冰雪天禁用定速巡航

● 盘山路或弯路过多，要禁用定速巡航。

（2）自适应巡航系统：与定速巡航相比，自适应巡航系统的车速可调节变化，除高速公路路况外，也适用于城市路况。

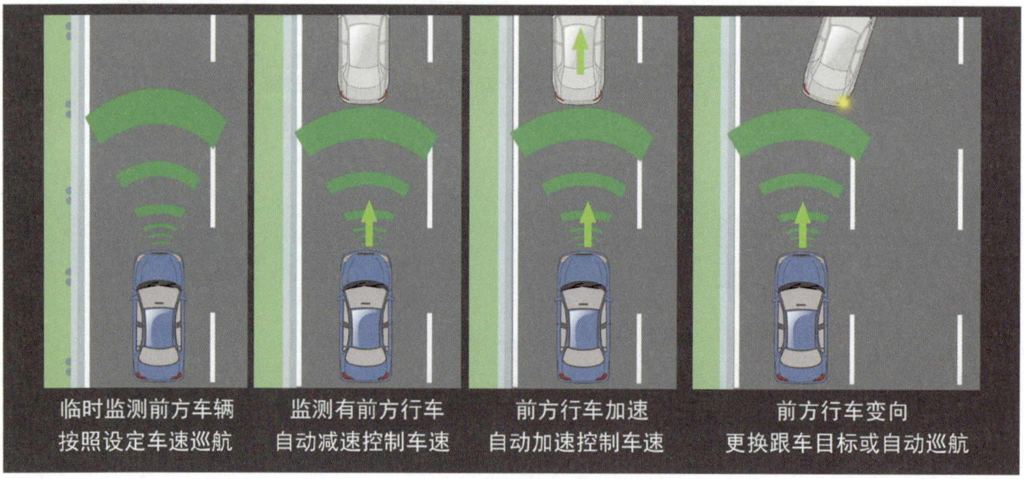

自适应巡航

5.2.3 并线辅助系统

车辆反光镜所能提供给驾驶人的视觉范围总会有一些盲区存在，对此，车辆安装并线辅助系统就能够通过后视镜上的倒车雷达或是警示灯，提醒驾驶人是否可以安全并线，提高驾车的安全系数。

并线辅助系统

该系统通过超声波和雷达跟踪后方接近的车辆、左右相邻车道的车辆，可以弥补驾驶人盲区。若在车辆侧后方盲区附近有车接近，外视镜和仪表盘会发出声光警告。

并线辅助声光警告

5.2.4 车道偏离预警系统

车道偏离预警系统通过安装在车辆侧面或前部的摄像头来检测道路边界或道路中心线的几何特征，对车道偏离的可能性进行评价，提供智能的车道偏离预警，在无意识（驾驶人未开启转向灯）偏离原车道时，在偏离车道之前发出警报。

车道偏离预警系统

该系统可纠正因疲劳或注意力不集中所造成短暂的方向控制偏差，为驾驶人提供更多的反应时间，大大减少了因车道偏离引发的碰撞事故，还能纠正驾驶人不按规定开启转向灯的习惯。

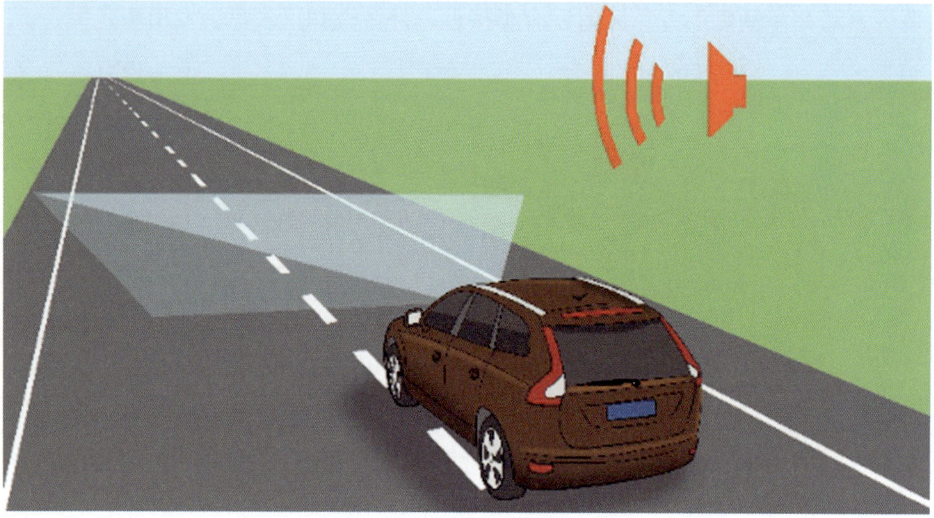

车道偏离预警系统纠正车辆方向

5.2.5 疲劳驾驶预警系统

驾驶人在疲劳时，其对周围环境的感知能力、形势判断能力和对车辆的操控能力都有不同程度的下降，因此很容易发生交通事故。驾驶人疲劳状态实时监测及预警技术已成为国内外研究热点。

（1）基于生理信号的监测：监测驾驶人的脑电波信号、心电信号等来推断驾驶人的疲劳状态。

基于脑电波信号采集的疲劳预警系统是目前最为精准的疲劳驾驶预警系统。驾驶人佩戴帽子，通过帽檐与皮肤接触的金属触点采集脑电波信号进行数据分析来判断被测试者是否进入疲劳状态。

人体心电信号的多项指标与人体的疲劳程度紧密相关，通过监测驾驶员的心电信号，可以达到检测疲劳驾驶的目的。

基于脑电波信号监测疲劳驾驶

基于心电信号监测疲劳驾驶

（2）基于生理反应的监测：监测驾驶人的眼动特征、头部运动特性来推断驾驶人的疲劳状态。代表车型有丰田、比亚迪等。

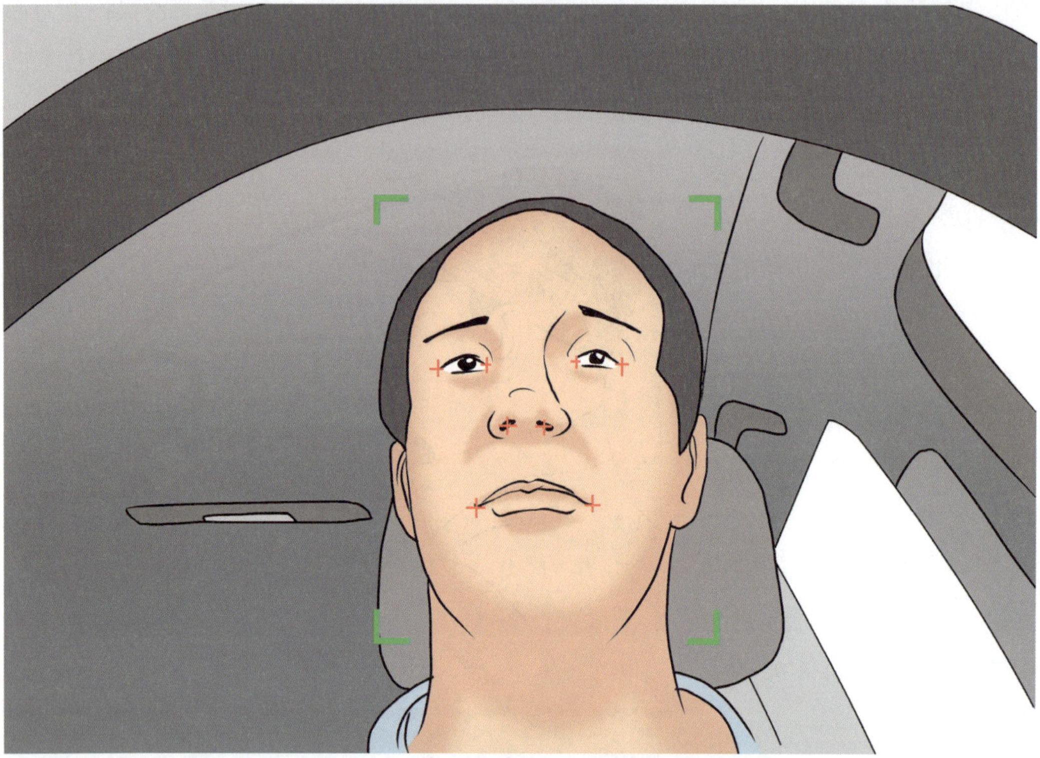

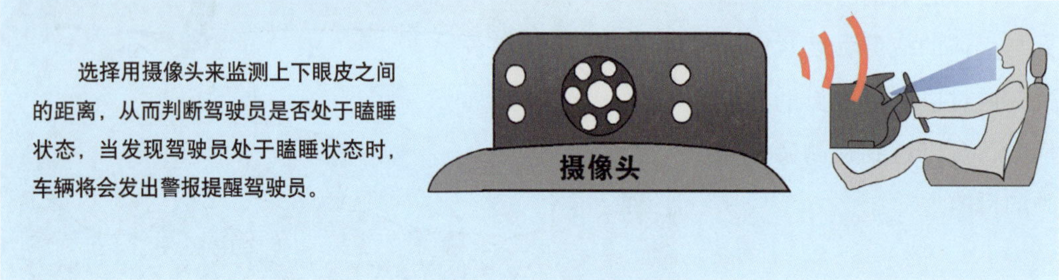

基于生理反应监测疲劳驾驶

（3）基于驾驶人驾驶行为操作监测：监测方向盘、加速踏板、制动踏板等操作行为来推断驾驶人的疲劳状态。代表车型有大众途观、奔驰 E 级等。

基于驾驶行为监测

（4）基于车辆状态的监测：监测车辆行驶轨迹变化、车辆横向位移量等来推断驾驶人的疲劳状态。代表车型有沃尔沃 S80 等。系统由一个摄像头、若干传感器和一个控制单元组成，监测车辆行驶的路线，把异常行驶状况与正常驾驶风格进行对比，判断是否预警。

基于车辆状态监测疲劳驾驶

5.3 车辆导航技术

现有导航技术是利用高空卫星信号为汽车提供准确及时的定位、地图查询、路线规划、语音提示等服务，目前主要有中国的北斗卫星定位系统与美国的全球定位系统为我国的汽车提供导航定位服务。

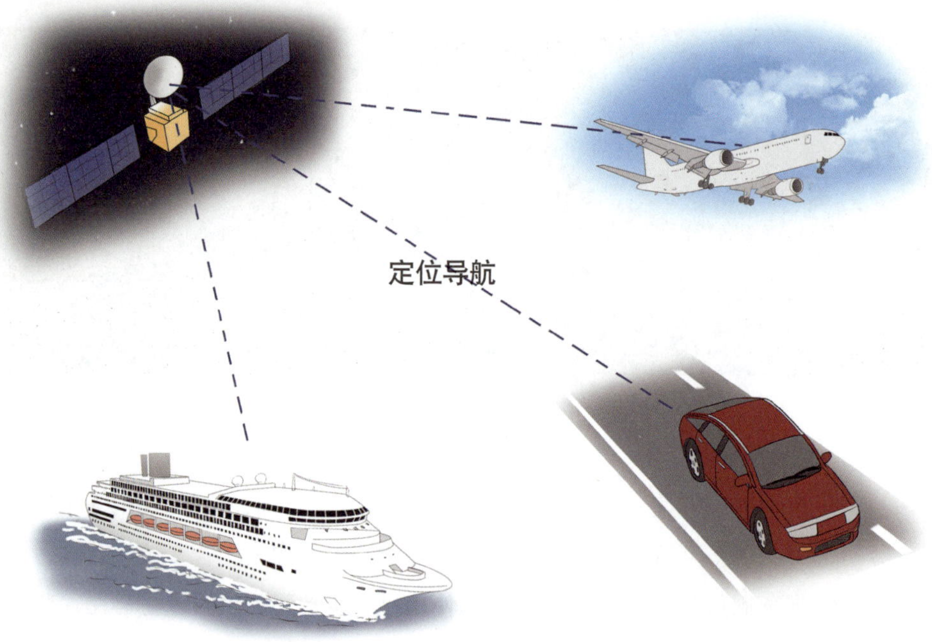

导航定位

导航产品根据载体不同又可分为车载导航与便携式导航两种。

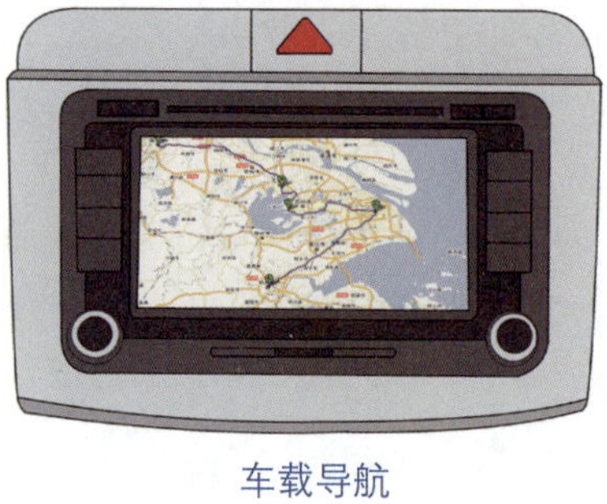

车载导航

便携式导航

目前市场上主要有高德地图、百度地图、谷歌地图、凯立德导航、腾讯地图等导航产品。导航软件大都可免费使用，用户只需将导航软件下载至手机或其他设备中，在网络通畅情况下即可实现导航功能。

导航功能

参考文献

边宁，赵保华，赖锋，等，2017. 基于高速公路的半自动驾驶辅助系统的开发与应用［J］. 汽车安全与节能学报，8（2）.

褚剑锋，2014. 高速公路行车的安全驾驶技巧［J］. 汽车与安全（9）：72-75.

丛浩哲，刘君，肖鹏飞，等，2014. 高速公路交通事件延误时间预测模型［C］.2014 中国智能交通年会 .

丛岩峰，2011. 高速公路环境中自主驾驶车辆运动规划与控制［D］. 长春：吉林大学 .

丁建友，李文权，2008. 高速公路安全行车间距与追尾事故预防［J］. 第三届中国智能交通年会 .

丁建友，李铁柱，李文权，2007. 高速公路安全行车间距与追尾事故预防［C］// 2007 中国智能交通年会 .

窦立勇，裴保纯，2014. 安全驾驶一点通［M］. 北京：化学工业出版社 .

杜新新，2017. 基于车路协同的高速公路车载安全驾驶提示系统［J］. 科技风（2）：173.

杜宗潆，1997. AVL ——新颖车辆导航系统［J］. 世界科学（7）：48.

高美芹，2007. 高速公路智能车辆视觉导航系统研究［D］. 武汉：武汉理工大学 .

刘君，孙广林，2015. 道路交通运行安全评价理论与实践［M］. 北京：人民交通出版社 .

郭恩庆，2007. 基于视觉的高速公路前方车辆检测［D］. 长春：吉林大学 .

胡新新，2017. 夜间高速行车安全指南［J］. 汽车与安全（5）：114-115.

湖南地图出版社，2005. 中国高速公路行车指南［M］. 长沙：湖南地图出版社 .

贾志绚，李亚娟，卢兰萍，2001. 高速公路安全行车间距的探讨［J］. 太原科技大学学报，22（1）：78-81.

姜晶玮，2014. 高速公路道路识别与车辆检测技术研究［D］. 南京：南京工业大学 .

交通运输部公路局，2010. 中国高速公路行车指南［M］. 北京：人民交通出版社 .

金立生，Bart van Arem，杨双宾，等，2009. 高速公路汽车辅助驾驶安全换道模型［J］. 吉林大学学报（工），39（3）：582-586.

金立生，JINGBie，靳玉，等，2009. 高速公路合流区车间无线通讯安全辅助驾驶研究［J］. 计算机工程与应用，45（19）：207-209.

金鑫君，2010. 基于多因素影响的高速公路安全行驶速度研究［D］. 重庆：重庆交通大学 .

理想，何成，2004，湖南高速公路行车指南［M］. 长沙：湖南人民出版社.
史国良，1999. 汽车在高速公路上如何安全驾驶［J］. 公路与汽运（3）：25-26.
林新鸣，2012. 浅谈高速公路雨天安全驾驶技巧［J］. 海峡科学（4）：37-38.
刘君，2016. 不利天气道路交通安全风险评估与管控策略［M］. 北京：气象出版社.
刘君，王长君，马兆有，2010. 区域高速公路网紧急事件救援协作体系构建［J］. 中国安全科学学报，20（7）：158-164.
刘君，等，2017. 公路交通突发事件应急救援联动机制研究［M］. 北京：人民交通出版社.
刘君华，2012. 福建高速公路冬春季冰雪雨雾天行车指南［J］. 安全与健康月刊（1）：7-10.
刘淞男，2013. 基于浮动车技术的高速公路地图匹配算法研究［D］. 长春：吉林大学.
刘哲义，1999. 高速公路驾驶员生 / 心理特点对行车安全的危害与预防［J］. 公路交通科技，16（3）：72-75.
刘志强，赵艳萍，2003. 中国交通安全技术分析［J］. 中国安全科学学报，13（8）：18.
罗强，2014. 面向高速公路行车安全预警的车道偏离及换道模型研究［D］. 广州：华南理工大学.
强爱民，2004. 汽车操纵稳定性与高速公路安全行车［J］. 河南机电高等专科学校学报，12（6）：49-50.
邵恩坡，2005. 图解道路交通安全法规［M］. 武汉：湖北长江出版集团.
台德清，2011. 雾天高速公路交通管制方法及对策研究［D］. 成都：西南交通大学.
汤筠筠，2005. 高速公路雾区交通安全保障技术研究［D］. 合肥：合肥工业大学.
陶红亮，2014. 给新手司机的 101 个高招：安全行车驾驶指南［M］. 郑州：郑州大学出版社.
天域北斗数码科技有限公司，2012. 中国公路行车指南地图册［M］. 北京：中国地图出版社.
王亚军，江永贝，1995. 高速公路行车指南［M］. 北京：机械工业出版社.
吴彪，许洪国，戴彤焱，等，2013. 高速公路作业区行车风险仿真评价模型 [J]. 交通运输系统工程与信息，13（3）：151-156.
吴伟锋，叶海华，2016. 交通安全新技术在高速公路运用探讨［J］. 城市建筑（9）：289.
吴文琳，2015. 汽车安全驾驶全攻略［M］. 北京：电子工业出版社.
吴文琳，2017. 这样开车才安全：图解汽车安全驾驶技巧［M］. 北京：中国电力出版社.
杨双宾，2008. 高速公路车辆行驶安全辅助换道预警系统研究［D］. 长春：吉林大学.
叶玮玮，2008. 高速公路上汽车行驶的安全距离研究［J］. 技术物理教学，16（4）：46-47.
袁志勇，2016. 浅析团雾及雾天恶劣天气条件下在高速公路上的安全驾驶［J］. 时代汽车，（5）：67-68.
詹伟，2013. 山区高速公路长大隧道群区域交通安全保障技术研究［D］. 杭州：浙江大学.

张东媛，2015. 山区高速公路景观对安全驾驶的作用机理研究［D］. 重庆：重庆交通大学.

张巍汉，2009 . 高速公路雾区交通安全保障技术［M］. 北京：人民交通出版社.

赵怀鑫，黄欣，党耀旗，等，2008. 陕西省高速公路行车指南的编制［J］. 交通世界：运输车辆，186（12）：94-95.

中华人民共和国交通部，2005. 安全驾驶从这里开始［M］. 北京：人民交通出版社.

朱汉清，2013. 浅谈在高速公路上如何安全行驶［J］. 科技创新与应用（36）：264.

附录　我国国家高速公路网（“71118”）路线命名与编号

编号	图例	名称	途经地区	里程
7 条首都放射线				
G1		京哈高速（北京—哈尔滨）	北京、唐山、秦皇岛、锦州、沈阳、四平、长春、哈尔滨	1280 公里
G2		京沪高速（北京—上海）	北京、天津、沧州、济南、德州、济南、泰安、临沂、淮安、江都、江阴、无锡、苏州、上海	1245 公里
G3		京台高速（北京—台北）	北京、廊坊、沧州、德州、济南、泰安、曲阜、徐州、蚌埠、合肥、铜陵、黄山、衢州、建瓯、福州、台北	2030 公里
G4		京港澳高速（北京—港澳）	北京、保定、石家庄、邯郸、新乡、郑州、漯河、信阳、武汉、咸宁、岳阳、长沙、株洲、衡阳、郴州、韶关、广州、深圳、香港（口岸）	2285 公里
G5		京昆高速（北京—昆明）	北京、保定、石家庄、盂县、太原、临汾、西安、汉中、广元、绵阳、成都、雅安、西昌、攀枝花、昆明	2865 公里
G6		京藏高速（北京—拉萨）	北京、张家口、集宁、呼和浩特、包头、临河、乌海、银川、中宁、白银、兰州、西宁、格尔木、拉萨	3718 公里

（续表）

编号	图例	名称	途经地区	里程
G7		京新高速（北京—乌鲁木齐）	北京、张家口、集宁、呼和浩特、临河、额济纳旗、哈密（梧桐大泉）、伊吾、巴里坤、奇台、阜康、乌鲁木齐	2540 公里
11 条北南纵线				
G11		鹤大高速（鹤岗—大连）	鹤岗、佳木斯、鸡西、牡丹江、敦化、通化、丹东、大连	1474 公里
G15		沈海高速（沈阳—海口）	沈阳、辽阳、鞍山、海城、大连、烟台、青岛、日照、连云港、盐城、南通、常熟、太仓、上海、宁波、台州、温州、宁德、福州、泉州、厦门、汕头、汕尾、深圳、广州、佛山、开平、阳江、茂名、湛江、海口	3710 公里
G25		长深高速（长春—深圳）	长春、双辽、阜新、朝阳、承德、唐山、天津、黄骅、滨州、青州、连云港、淮安、南京、溧阳、宜兴、湖州、杭州、金华、丽水、南平、三明、梅州、河源、惠州、深圳	3585 公里
G35		济广高速（济南—广州）	济南、菏泽、商丘、阜阳、六安、潜山、望江、景德镇、鹰潭、南城、瑞金、河源、广州	2110 公里
G45		大广高速（大庆—广州）	大庆、松源、双辽、通辽、赤峰、承德、北京、霸州、衡水、濮阳、开封、周口、麻城、黄石、吉安、赣州、龙南、连平、广州	3550 公里
G55		二广高速（二连浩特—广州）	二连浩特、集宁、大同、太原、长治、晋城、洛阳、南召、南阳、襄樊、荆州、常德、娄底、邵阳、永州、连州、广州	2685 公里

（续表）

编号	图例	名称	途经地区	里程
G59		呼北高速（呼和浩特—北海）	呼和浩特、和林格尔、右玉、朔州、岢岚、吕梁、吉县、运城、灵宝、卢氏、十堰、房县、保康、宜都、慈利、张家界、新化、武冈、新宁、资源、荔浦、平南、玉林、北海（铁山港）	2628 公里
G65		包茂高速（包头—茂名）	包头、鄂尔多斯、榆林、延安、铜川、西安、安康、达州、重庆、黔江、吉首、怀化、桂林、梧州、茂名	3130 公里
G69		银百高速（银川—百色）	银川、惠安堡、庆城、旬邑、西安、安康、岚皋、城口、万州、忠县、涪陵、南川、道真、瓮安、贵阳、罗甸、乐业、百色、靖西、龙邦（口岸）	2281 公里
G75		兰海高速（兰州—海口）	兰州、广元、南充、重庆、遵义、贵阳、麻江、都匀、河池、南宁、钦州、北海、湛江、海口	2570 公里
G85		银昆高速（银川—昆明）	银川、惠安堡、彭阳、平凉、华亭、宝鸡、留坝、汉中、巴中、广安、重庆、内江、宜宾、昭通、昆明	2322 公里
18 条东西横线				
G10		绥满高速（绥芬河—满洲里）	绥芬河（口岸）、牡丹江、哈尔滨、大庆、齐齐哈尔、阿荣旗、满洲里（口岸）	1527 公里
G12		珲乌高速（珲春—乌兰浩特）	珲春（口岸）、敦化、吉林、长春、松原、白城、乌兰浩特	885 公里

（续表）

编号	图例	名称	途经地区	里程
G16		丹锡高速 （丹东—锡林浩特）	丹东、海城、盘锦、锦州、朝阳、赤峰、克什克腾旗、锡林浩特	960 公里
G18		荣乌高速 （荣成—乌海）	荣成、文登、威海、烟台、东营、黄骅、天津、霸州、涞源、朔州、鄂尔多斯、乌海	1820 公里
G20		青银高速 （青岛—银川）	青岛、潍坊、淄博、济南、石家庄、太原、离石、靖边、定边、银川	1610 公里
G22		青兰高速 （青岛—兰州）	青岛、莱芜、泰安、聊城、邯郸、长治、临汾、富县、庆阳、平凉、定西、兰州	1795 公里
G30		连霍高速 （连云港—霍尔果斯）	连云港、徐州、商丘、开封、郑州、洛阳、西安、宝鸡、天水、兰州、武威、嘉峪关、哈密、吐鲁番、乌鲁木齐、奎屯、霍尔果斯（口岸）	4395 公里
G36		宁洛高速 （南京—洛阳）	南京、蚌埠、阜阳、周口、漯河、平顶山、洛阳	722 公里
G40		沪陕高速 （上海—西安）	上海、崇明、南通、扬州、南京、合肥、六安、信阳、南阳、商州、西安	1490 公里

（续表）

编号	图例	名称	途经地区	里程
G42		沪蓉高速 （上海—成都）	上海、苏州、无锡、常州、南京、合肥、六安、麻城、武汉、孝感、荆门、宜昌、万州、垫江、广安、南充、遂宁、成都	1966 公里
G50		沪渝高速 （上海—重庆）	上海、湖州、宣城、芜湖、铜陵、安庆、黄梅、黄石、武汉、荆州、宜昌、恩施、忠县、垫江、重庆	1768 公里
G56		杭瑞高速 （杭州—瑞丽）	杭州、黄山、景德镇、九江、咸宁、岳阳、常德、吉首、遵义、毕节、六盘水、曲靖、昆明、楚雄、大理、瑞丽（口岸）	3404 公里
G60		沪昆高速 （上海—昆明）	上海、杭州、金华、衢州、上饶、鹰潭、南昌、宜春、长沙、邵阳、怀化、麻江、贵阳、安顺、曲靖、昆明	2730 公里
G70		福银高速 （福州—银川）	福州、南平、南城、南昌、九江、黄梅、黄石、武汉、孝感、襄樊、十堰、商州、西安、平凉、中宁、银川	2485 公里
G72		泉南高速 （泉州—南宁）	泉州、永安、吉安、衡阳、永州、桂林、柳州、南宁	1635 公里
G76		厦蓉高速 （厦门—成都）	厦门、漳州、龙岩、瑞金、赣州、郴州、桂林、都匀、贵阳、毕节、泸州、隆昌、内江、成都	2295 公里

（续表）

编号	图例	名称	途经地区	里程
G78		汕昆高速 （汕头—昆明）	汕头、梅州、韶关、贺州、柳州、河池、兴义、石林、昆明	1710 公里
G80		广昆高速 （广州—昆明）	广州、肇庆、梧州、玉林、南宁、百色、富宁、开远、石林、昆明	1511 公里

注：摘自《公路路线标识规则和国道编号（GB/T 917—2017）》。本表仅列出国家高速公路网的 7 条放射线、11 条北南纵线、18 条东西横线，简称“71118”网。2013 年 5 月国家发展和改革委员会印发的《国家公路网规划（2013 年—2030 年）》中，共有 7 条放射线、11 条北南纵线、18 条东西横线、6 条地区环线、104 条联络线和 16 条并行线国家高速公路，本表未包含香港特别行政区、澳门特别行政区和台湾省的公路数据。